PRENTICE HALL ①

Guided Practice Activities

PEARSON

Prentice Hall

Boston, Massachusetts
Upper Saddle River, New Jersey

Copyright © by Pearson Education, Inc., publishing as Pearson Prentice Hall, Boston, Massachusetts 02116. All rights reserved. Printed in the United States of America. This publication is protected by copyright, and permission should be obtained from the publisher prior to any prohibited reproduction, storage in a retrieval system, or transmission in any form or by any means, electronic, mechanical, photocopying, recording, or likewise. Student activity pages may be reproduced for classroom use, the number not to exceed the number of students in each class. Notice of copyright must appear on all copies. For information regarding permission(s), write to: Rights and Permissions Department, One Lake Street, Upper Saddle River, New Jersey 07458.

Pearson Prentice Hall™ is a trademark of Pearson Education, Inc.

Pearson® is a registered trademark of Pearson plc.

Prentice Hall® is a registered trademark of Pearson Education, Inc.

ISBN 0-13-116474-0

24 25 26 27 28 V039 15 14 13

Table of Contents

Para empezar

1 En la escuela 1
2 En la clase 11
3 El tiempo 19

Tema 1: Mis amigos y yo

Capítulo 1A: ¿Qué te gusta hacer? 25
Capítulo 1B: Y tú, ¿cómo eres? 39

Tema 2: La escuela

Capítulo 2A: Tu día en la escuela 53
Capítulo 2B: Tu sala de clases 69

Tema 3: La comida

Capítulo 3A: ¿Desayuno o almuerzo? 83
Capítulo 3B: Para mantener la salud 99

Tema 4: Los pasatiempos

Capítulo 4A: ¿Adónde vas? 115
Capítulo 4B: ¿Quieres ir conmigo? 133

Tema 5: Fiesta en familia

Capítulo 5A: Una fiesta de cumpleaños 149
Capítulo 5B: ¡Vamos a un restaurante! 165

Tema 6: La casa

Capítulo 6A: En mi dormitorio 181

Capítulo 6B: ¿Cómo es tu casa? 197

Tema 7: De compras

Capítulo 7A: ¿Cuánto cuesta? 213

Capítulo 7B: ¡Qué regalo! 229

Tema 8: Experiencias

Capítulo 8A: De vacaciones 243

Capítulo 8B: Ayudando en la comunidad 259

Tema 9: Medios de comunicación

Capítulo 9A: El cine y la televisión 275

Capítulo 9B: La tecnología 291

Dear Parents and Guardians:

Learning a second language can be both exciting and fun. As your child studies Spanish, he or she will not only learn to communicate with Spanish speakers, but will also learn about their cultures and daily lives. Language learning is a building process that requires considerable time and practice, but it is one of the most rewarding things your child can learn in school.

Language learning calls on all of the senses and on many skills that are not necessarily used in other kinds of learning. Students will find their Spanish class different from other classes in a variety of ways. For instance, lectures generally play only a small role in the language classroom. Because the goal is to learn to communicate, students interact with each other and with their teacher as they learn to express themselves about things they like to do (and things they don't), their personalities, the world around them, foods, celebrations, pastimes, technology, and much more. Rather than primarily listening to the teacher, reading the text, and memorizing information as they might in a social studies class, language learners will share ideas; discuss similarities and differences between cultures; ask and answer questions; and work with others to practice new words, sounds, and sentence structures. Your child will be given a variety of tasks to do in preparation for such an interactive class. He or she will complete written activities, perform listening tasks, watch and listen to videos, and go on the Internet. In addition, to help solidify command of words and structures, time will need to be spent on learning vocabulary and practicing the language until it starts to become second nature. Many students will find that using flash cards and doing written practice will help them become confident using the building blocks of language.

To help you help your child in this endeavor, we offer the following insights into the textbook your child will be using, along with suggestions for ways that you can help build your child's motivation and confidence—and as a result, their success with learning Spanish.

Textbook Organization

Your child will be learning Spanish using *REALIDADES*, which means "realities." The emphasis throughout the text is on learning to use the language in authentic, real ways. Chapters are organized by themes such as school life, food and health, family and celebrations, etc. Each chapter begins with a section called **A primera vista** (*At First Glance*), which gives an initial presentation of new grammar and vocabulary in the form of pictures, short dialogues, audio recordings, and video. Once students have been exposed to the new language, the **Manos a la obra** (*Let's Get to Work*) section offers lots of practice with the language as well as explanations of how the language works. The third section, **¡Adelante!** (*Moving Ahead!*), provides activities for your child to use the language by understanding readings, giving oral or written presentations, and learning more about the cultural perspectives of Spanish speakers. Finally, all chapters conclude with an at-a-glance review of the chapter material called **Repaso del capítulo** (*Chapter Review*), with summary lists and charts, and practice activities like those on the chapter test. If students have trouble with a given task, the **Repaso del capítulo** tells them where in the chapter they can go to review.

Here are some suggestions that will help your child become a successful language learner.

Routine:
Provide a special, quiet place for study, equipped with a Spanish-English dictionary, pens or pencils, paper, computer, and any other items your child's teacher suggests.

- Encourage your child to study Spanish at a regular time every day. A study routine will greatly facilitate the learning process.

Strategy:

- Remind your child that class participation and memorization are very important in a foreign language course.
- Tell your child that in reading or listening activities, as well as in the classroom, it is not necessary to understand every word. Suggest that they listen or look for key words to get the gist of what's being communicated.
- Encourage your child to ask questions in class if he or she is confused. Remind the child that other students may have the same question. This will minimize frustration and help your child succeed.

Real-life connection:

- Outside of the regular study time, encourage your child to review new words in their proper context as they relate to the chapter themes. For example, when studying the vocabulary for the household chapter, Capítulo 6B, have your child help with household chores and ask him or her to name the tasks in Spanish. You could also have your child label household objects with adhesive notes containing the Spanish words. Similarly, while studying Capítulo 4A vocabulary, have your child bring flash cards for place names on a trip into town and review words for the buildings you pass along the way. If your child can include multiple senses while studying (see the school and say *escuela*, or taste ice cream and say *helado*), it will help reinforce study and will aid in vocabulary retention.
- Motivate your child with praise for small jobs well done, not just for big exams and final grades. A memorized vocabulary list is something to be proud of!

Review:

- Encourage your child to review previously learned material frequently, and not just before a test. Remember, learning a language is a building process, and it is important to keep using what you've already learned.
- To aid vocabulary memorization, suggest that your child try several different methods, such as saying words aloud while looking at a picture of the items, writing the words, acting them out while saying them, and so on.
- Suggest that your child organize new material using charts, graphs, pictures with labels, or other visuals that can be posted in the study area. A daily review of those visuals will help keep the material fresh.
- Help your child drill new vocabulary and grammar by using the charts and lists in the **Manos a la obra** and **Repaso del capítulo** sections.

Resources:

- Offer to help frequently! Your child may have great ideas for how you can facilitate his or her learning experience.
- Ask your child's teacher, or encourage your child to ask, about how to best prepare for and what to expect on tests and quizzes.
- Ask your child's teacher about the availability of audio recordings and videos that support the text. The more your child sees and hears the language, the greater the retention. There are also on-line and CD-ROM based versions of the textbook that may be useful for your child.
- Visit www.PHSchool.com with your child for more helpful tips and practice opportunities, including downloadable audio files that your child can play at home to practice Spanish. Enter the appropriate Web Code from the list on the next page for

the section of the chapter that the class is working on and you will see a menu that lists the available audio files. They can be listened to on a computer or on a personal audio player.

Capítulo	A primera vista	Manos a la obra	Repaso
Para empezar			jcd-0099
Capítulo 1A	jcd-0187	jcd-0188	jcd-0189
Capítulo 1B	jcd-0197	jcd-0198	jcd-0199
Capítulo 2A	jcd-0287	jcd-0299	jcd-0289
Capítulo 2B	jcd-0297	jcd-0298	jcd-0299
Capítulo 3A	jcd-0387	jcd-0388	jcd-0389
Capítulo 3B	jcd-0397	jcd-0398	jcd-0399
Capítulo 4A	jcd-0487	jcd-0488	jcd-0489
Capítulo 4B	jcd-0497	jcd-0498	jcd-0499
Capítulo 5A	jcd-0587	jcd-0588	jcd-0589
Capítulo 5B	jcd-0597	jcd-0598	jcd-0599
Capítulo 6A	jcd-0687	jcd-0688	jcd-0689
Capítulo 6B	jcd-0697	jcd-0698	jcd-0699
Capítulo 7A	jcd-0787	jcd-0788	jcd-0789
Capítulo 7B	jcd-0797	jcd-0798	jcd-0799
Capítulo 8A	jcd-0887	jcd-0888	jcd-0889
Capítulo 8B	jcd-0897	jcd-0898	jcd-0899
Capítulo 9A	jcd-0987	jcd-0988	jcd-0989
Capítulo 9B	jcd-0997	jcd-0998	jcd-0999

Above all, help your child understand that a language is not acquired overnight. Just as for a first language, there is a gradual process for learning a second one. It takes time and patience, and it is important to know that mistakes are a completely natural part of the process. Remind your child that it took years to become proficient in his or her first language, and that the second one will also take time. Praise your child for even small progress in the ability to communicate in Spanish, and provide opportunities for your child to hear and use the language.

Don't hesitate to ask your child's teacher for ideas. You will find the teacher eager to help you. You may also be able to help the teacher understand special needs that your child may have, and work together with him or her to find the best techniques for helping your child learn.

Learning to speak another language is one of the most gratifying experiences a person can have. We know that your child will benefit from the effort, and will acquire a skill that will serve to enrich his or her life.

Notes

Realidades 1

Para empezar

Nombre _____

Fecha _____

Hora _____

Vocabulary Flash Cards, Sheet 1

Write the Spanish vocabulary word below each picture. If there is a word or phrase, copy it in the space provided. Be sure to include the article for each noun.

Buenos días. _____ _____	**Buenas noches.** _____ _____	**Buenas tardes.** _____ _____
¡Hola! _____	**¿Cómo te llamas?** _____ _____	**Me llamo...** _____ _____
Encantado, Encantada. _____, _____	**Igualmente.** _____ _____	**Mucho gusto.** _____ _____

Realidades (1)

Para empezar

Nombre _____

Fecha _____

Hora _____

Vocabulary Flash Cards, Sheet 2

¿Cómo está Ud.?

_____

_____

¿Cómo estás?

_____

¿Qué pasa?

_____

_____

¿Qué tal?

_____

_____

¿Y tú?

_____

¿Y usted (Ud.)?

_____

_____

(muy) bien

_____

_____

regular

gracias

_____

Realidades ①

Para empezar

Nombre _____

Hora _____

Fecha _____

Vocabulary Flash Cards, Sheet 3

nada _____	**señor, Sr.** _____ ,	**señora, Sra.** _____ ,
señorita, Srta. _____ , _____	**¡Adiós!** _____	**Hasta luego.** _____
Hasta mañana. _____ _____	**¡Nos vemos!** _____ _____	**uno** _____ _____

dos	**tres**	**cuatro**
_____	_____	_____
cinco	**seis**	**siete**
_____	_____	_____
ocho	**nueve**	**diez**
_____	_____	_____

Realidades 1

Para empezar

Nombre _____

Fecha _____

Hora _____

Vocabulary Flash Cards, Sheet 5

¿Qué hora es?

_____

_____

1:00

Es _____

_____.

2:00

Son _____

_____.

3:05

Son _____

_____

_____.

4:10

Son _____

_____

_____.

5:15

Son _____

_____

_____.

6:30

Son _____

_____

_____.

8:52

Son _____

_____

_____.

6:40

Son _____

_____

_____.

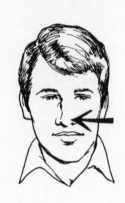

_____

_____

_____

_____

_____

_____

_____

_____

_____

_____

_____

_____

_____

_____

_____

_____

_____

_____

Nombre _____

Hora _____

Fecha _____

Tear out this page. Write the English words on the lines. Fold the paper along the dotted line to see the correct answers so you can check your work.

En la escuela

Buenos días.   _____

Buenas noches.   _____

Buenas tardes.   _____

¡Hola!   _____

¿Cómo te llamas?   _____

Me llamo...   _____

Encantado,   _____
Encantada.

Igualmente.   _____

Mucho gusto.   _____

señor, Sr.   _____

señora, Sra.   _____

señorita, Srta.   _____

¡Adiós!   _____

Hasta luego.   _____

Hasta mañana.   _____

¡Nos vemos!   _____

Fold In →

Realidades 1

Nombre _____

Hora _____

Para empezar

Fecha _____

Vocabulary Check, Sheet 2

Tear out this page. Write the Spanish words on the lines. Fold the paper along the dotted line to see the correct answers so you can check your work.

Good morning. _____

Good evening. _____

Good afternoon. _____

Hello! _____

What is your name? _____

My name is . . . _____

Delighted. _____

_____

Likewise. _____

Pleased to meet you. _____

sir, Mr. _____

madam, Mrs. _____

miss, Miss _____

Good-bye! _____

See you later. _____

See you tomorrow. _____

See you! _____

Fold In

Vowel sounds

- Like English, Spanish has five basic vowels, **a, e, i, o,** and **u**. But unlike English, each Spanish vowel sounds nearly the same in every word, which will help you figure out how to pronounce any Spanish word you see.

A. The letter **a** is pronounced "ah," as in the English word "father." Write three Spanish words related to *body parts* (**el cuerpo**) that contain the letter **a**. Say each word as you write it, paying special attention to the **a**.

_____ _____ _____

B. The letter **e** is pronounced "ay," as in the English word "pay." Write three Spanish *numbers under ten* that contain the letter **e**. Say each word as you write it, paying special attention to the **e**.

_____ _____ _____

C. The letter **i** is pronounced "ee," as in the English word "see." Write two Spanish words used in *greetings* that contain the letter **i**. Say each word as you write it, paying special attention to the **i**.

_____ _____

D. The letter **o** is pronounced "oh," as in the English word "go." Write three Spanish *numbers over ten* that contain the letter **o**. Say each word as you write it, paying special attention to the **o**.

_____ _____ _____

E. The letter **u** is pronounced "oo," as in the English word "zoo." Write three Spanish words that you've learned so far that contain the letter **u**. Say each word as you write it, paying special attention to the **u**.

_____ _____ _____

Realidades **1**

Para empezar

Nombre _____

Hora _____

Fecha _____

Guided Practice Activities P-2

The letter *c*

- The letter **c** has two different sounds in Spanish. When it is followed by **a**, **o**, **u**, or any consonant other than **h**, it is a "hard **c**" and is pronounced like the **c** in "cat." Say these words with a hard **c**:

  <u>c</u>ómo   prá<u>c</u>ti<u>c</u>a   en<u>c</u>antado

- When the letter **c** is followed by **e** or **i**, it is a "soft **c**" and is pronounced like the **s** in "Sally." Say these words with a soft **c**:

  do<u>c</u>e   gra<u>c</u>ias   silen<u>c</u>io

A. Write out the numbers below (which all contain at least one letter **c**) in Spanish on the blanks provided.

1. 4   _____

2. 0   _____

3. 13   _____

4. 100   _____

5. 11   _____

6. 5   _____

7. 16   _____

8. 14   _____

9. 55   _____

10. 48   _____

B. Now, say aloud each of the words you wrote, paying special attention to the letter **c**. Go back to the answers you gave in **part A** and underline each hard **c** (as in **c**at). Circle each soft **c** (as in Sally). **Ojo:** Some words contain more than one **c**.

Write the Spanish vocabulary word below each picture. If there is a word or phrase, copy it in the space provided. Be sure to include the article for each noun.

_____   _____   _____

_____   _____   _____

_____   _____   _____

   ___ ___ _____	 _____	**la sala de clases** ___ ___ _____
el año ___ _____	**el día** ___ _____	**el mes** ___ _____
la semana ___ _____	**¿Qué día es hoy?** _____ _____	**¿Cuál es la fecha?** _____ _____

Realidades 1

Para empezar

Nombre _____

Fecha _____

Hora _____

Vocabulary Flash Cards, Sheet 3

Es el primero de enero.	**Es el tres de marzo.**	**Es el cinco de mayo.**
___ ___	___ ___	___ ___
_____	_____	_____
___		
Es el catorce de febrero.	**Es el once de septiembre.**	**Es el veinticinco de diciembre.**
___ ___	___ ___	___ ___
_____ ___	_____	_____ ___
___	___	___
mañana	**hoy**	**en**
___		___

Realidades ①

Para empezar

Nombre _____

Hora _____

Fecha _____

Vocabulary Flash Cards, Sheet 4

¿Cuántos?,
¿Cuántas?

_____,

_____

hay

_____

por
favor

_____

¿Cómo se
dice...?

_____

_____

Se
dice...

_____

¿Cómo se
escribe...?

_____

_____

Se
escribe...

_____

_____

¿Qué
quiere
decir...?

_____

_____

Quiere
decir...

_____

_____

Realidades ①

Para empezar

Nombre _____

Hora _____

Fecha _____

Vocabulary Check, Sheet 1

Tear out this page. Write the English words on the lines. Fold the paper along the dotted line to see the correct answers so you can check your work.

En la clase

el bolígrafo _____

la carpeta _____

el cuaderno _____

el estudiante, la estudiante _____

la hoja de papel _____

el lápiz _____

el libro _____

el profesor, la profesora _____

el pupitre _____

la sala de clases _____

el año _____

el día _____

el mes _____

la semana _____

hoy _____

mañana _____

Fold In

Realidades **1**

Para empezar

Nombre _____

Fecha _____

Hora _____

Vocabulary Check, Sheet 2

Tear out this page. Write the Spanish words on the lines. Fold the paper along the dotted line to see the correct answers so you can check your work.

pen _____

folder _____

notebook _____

student _____

_____

sheet of paper _____

pencil _____

book _____

teacher _____

_____

(student) desk _____

classroom _____

year _____

day _____

month _____

week _____

today _____

tomorrow _____

Fold In

More *c* sounds

• In **Activity P-2** you learned that the letter **c** has two different sounds in Spanish: "hard **c**" and "soft **c**." The "hard **c**" sound is also created by the letter groups **que** and **qui**. **Que** is always pronounced like the English "kay" and **qui** is always pronounced like the English word "key." Say these words:

> **quince**   **que**   **quiere**

A. Remember that the hard **c** is sometimes spelled with a **c** and sometimes with a **q**. Underline the words in each group below with a hard **c** ("**c**at") sound. Say each word aloud as you read it.

1. clase / García / doce

2. trece / cien / carpeta

3. equis / cierren / dieciséis

4. gracias / saquen / Cecilia

5. cero / silencio / catorce

6. once / cuaderno / diciembre

B. Circle the words in each group with a soft **c** ("**S**ally") sound. Say each word aloud as you read it.

1. Ricardo / cuarto / atención

2. diciembre / cómo / octubre

3. carpeta / cuaderno / Alicia

4. qué / quiere / decir

5. cien / Cristina / cuántos

6. saquen / cierren / capítulo

The *h* sound

• In Spanish, some letters have different pronunciations than they do in English. For example, the letter **j** is pronounced like the letter *h* in the English word "hat," but even more strongly and in the back of the throat. The letter **g**, when followed by **e** or **i**, also has the same "h" sound. However, the Spanish letter **h** is always silent! Say these words aloud:

   Jorge   jueves   hay   hasta   hoja

A. Circle all of the words below with a *pronounced* "h" sound. Don't be fooled by the silent letter **h**! Say each word aloud as you read it.

julio	hoy	hasta
Hoja	Jorge	Juan
junio	Guillermo	hora
José	página	hay
juego	¡Hola!	Eugenia

B. Now, go back to the words in **part A** and draw a diagonal line through every silent **h**. The first one has been done for you. Did you notice that **hoja** has both a silent **h** and a **j** that has a *pronounced* "h" sound?

Realidades ①

Para empezar

Nombre _____ Hora _____

Fecha _____

Vocabulary Flash Cards, Sheet 1

la
estación

_____

¿Qué
tiempo
hace?

_____

_____

_____

_____

_____

_____

_____

_____

_____

_____

_____

_____

_____

Tear out this page. Write the English words on the lines. Fold the paper along the dotted line to see the correct answers so you can check your work.

El tiempo

Hace calor.   _____

Hace frío.   _____

Hace sol.   _____

Hace viento.   _____

Llueve.   _____

Nieva.   _____

la estación   _____

el invierno   _____

el otoño   _____

la primavera   _____

el verano   _____

Fold In

Tear out this page. Write the Spanish words on the lines. Fold the paper along the dotted line to see the correct answers so you can check your work.

It's hot. _____

It's cold. _____

It's sunny. _____

It's windy. _____

It's raining. _____

It's snowing. _____

season _____

winter _____

fall, autumn _____

spring _____

summer _____

Fold In

To hear a complete list of the vocabulary for this chapter, go to Disc 1, Track 1 on the Guided Practice Audio CD, or go to www.phschool.com and type in the Web Code jcd-0099. Then click on **Repaso del capítulo.**

Special letters

- When studying the alphabet, you will notice a few letters that you may not have seen before. In addition to the letters we have in English, Spanish also has **ll**, **ñ**, and **rr**.

    a) **ll** is pronounced like a "y" in English, as in the word "**y**ellow."

    b) **ñ** is pronounced like the combination "ny," as in the English word "ca**ny**on."

    c) **rr** is a "rolled" sound in Spanish. It is made by letting your tongue vibrate against the roof of your mouth, and sounds a bit like a cat purring or a child imitating the sound of a helicopter.

Look at the pictures below and fill in the blanks in the words or phrases with either the letter **ll**, **ñ**, or **rr**. Be sure to say each word aloud as you write it, practicing the sounds of the new letters.

1. Es la se_____ora Guité_____ez.

4. _____ueve en la primavera.

2. Me _____amo Gui_____ermo.

5. Hace viento en el oto_____o.

3. Es el libro de espa_____ol.

Realidades (1)

Para empezar

Nombre _____

Hora _____

Fecha _____

Guided Practice Activities P-6

The letters *b* and *v*

- In Spanish, the letters **b** and **v** are both pronounced with a "b" sound, like in the English word "**b**oy." This makes pronunciation simple, but can make spelling more challenging! Say the following words:

    Buenos días.   ¡Nos vemos!   brazo   veinte   bolígrafo   verano

The phrases below all contain either **b** or **v**. Pronounce both with a "b" sound, and write the correct letter in the blanks in each conversation.

1. —Hola, profesor.

    —_____uenos días, estudiantes.

2. —¿Qué tiempo hace en el otoño?

    —Hace _____iento.

3. En fe_____rero hace mucho frío.

    —Sí, hace frío en el in_____ierno.

4. —¿Qué tiempo hace en la prima_____era?

    —Llue_____e pero hace calor.

5. —¿Qué día es hoy?

    —Hoy es el _____einte de no_____iembre.

6. —Le_____ántense, por fa_____or.

    —Sí, profesora.

7. —¿Cómo estás?

    —_____ien, pero me duele el _____razo.

Realidades ❶

Capítulo 1A

Nombre _____

Hora _____

Fecha _____

Vocabulary Flash Cards, Sheet 1

Write the Spanish vocabulary word below each picture. If there is a word or phrase, copy it in the space provided. Be sure to include the article for each noun.

Realidades ❶

Capítulo 1A

Nombre _____

Hora _____

Fecha _____

Vocabulary Flash Cards, Sheet 2

Realidades ❶

Capítulo 1A

Nombre _____

Hora _____

Fecha _____

Vocabulary Flash Cards, Sheet 3

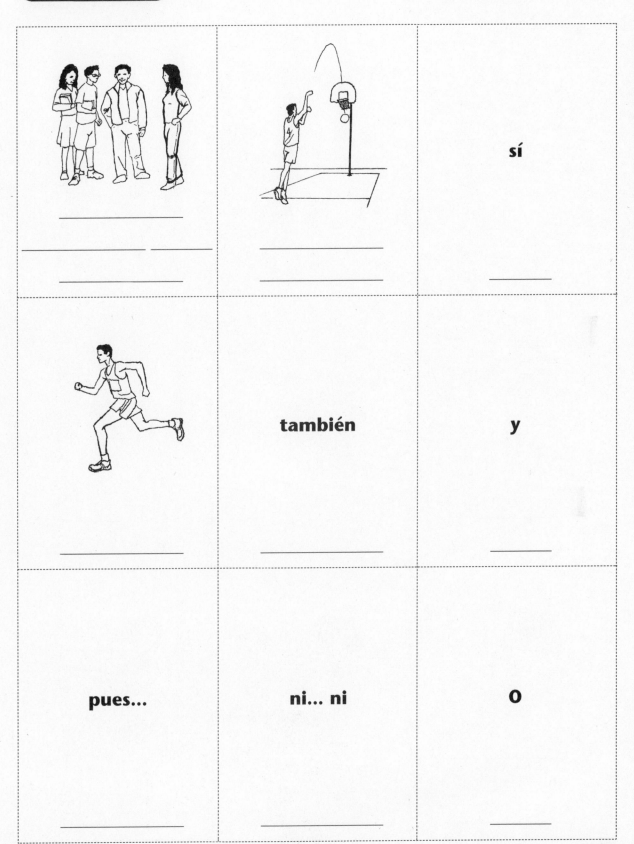

sí
_____

_____
_____
_____

_____
_____
_____

también
_____

y
_____

pues...

ni... ni

o

Realidades ❶

Nombre _____

Hora _____

Capítulo 1A

Fecha _____

Vocabulary Flash Cards, Sheet 4

_____

_____

_____

_____

_____

_____

_____

_____

_____

_____

_____

_____

_____

_____

_____

_____

_____

_____

Nombre _____

Hora _____

Fecha _____

Vocabulary Check, Sheet 1

Tear out this page. Write the English words on the lines. Fold the paper along the dotted line to see the correct answers so you can check your work.

bailar _____

cantar _____

correr _____

dibujar _____

escribir cuentos _____

escuchar música _____

esquiar _____

hablar por
teléfono _____
_____

ir a la escuela _____

jugar
videojuegos _____
_____

leer revistas _____

montar en
bicicleta _____
_____

montar en
monopatín _____

Fold In

Tear out this page. Write the Spanish words on the lines. Fold the paper along the dotted line to see the correct answers so you can check your work.

to dance   _____

to sing   _____

to run   _____

to draw   _____

to write stories   _____

to listen to music   _____

to ski   _____

to talk on
the phone   _____

    _____

to go to school   _____

to play
video games   _____

    _____

to read magazines   _____

to ride a
bicycle   _____

    _____

to skateboard   _____

    _____

Fold In ←

Tear out this page. Write the English words on the lines. Fold the paper along the dotted line to see the correct answers so you can check your work.

nadar   _____

pasar tiempo
con amigos   _____

           _____

patinar   _____

practicar deportes   _____

tocar la guitarra   _____

trabajar   _____

usar la
computadora   _____

           _____

ver la tele   _____

           _____

Fold In

Tear out this page. Write the Spanish words on the lines. Fold the paper along the dotted line to see the correct answers so you can check your work.

to swim   _____

to spend time with friends   _____

_____

to skate   _____

to play sports   _____

_____

to play the guitar   _____

to work   _____

to use the computer   _____

_____

to watch television   _____

To hear a complete list of the vocabulary for this chapter, go to Disc 1, Track 2 on the Guided Practice Audio CD, or go to www.phschool.com and type in the Web Code jcd-0189. Then click on **Repaso del capítulo.**

Fold In ←

Infinitives (p. 32)

- The most basic form of a verb is an *infinitive*.
- In English, infinitives have the word "to" in front of them such as *to walk* or *to swim*.
- In Spanish, infinitives end in **-ar (nadar)**, **-er (leer)**, or **-ir (escribir)**.

A. Look at each infinitive below and underline its ending. Follow the model.

Modelo   patin<u>ar</u>

1. escribir	**4.** esquiar	**7.** leer
2. nadar	**5.** usar	**8.** jugar
3. correr	**6.** dibujar	**9.** ver

B. Now, write the infinitive in the correct column of the chart. Is it an **-ar** verb, **-er** verb, or **-ir** verb? The first one has been done for you.

-ar verbs	*-er* verbs	*-ir* verbs
patinar		

C. Complete the sentences with infinitives from **part A** to express what you like and don't like to do.

1. Me gusta _____ y _____ .

2. No me gusta _____ .

3. Me gusta mucho _____ .

Realidades ❶

Capítulo 1A

Nombre _____

Fecha _____

Hora _____

Guided Practice Activities 1A-2

Negatives (p. 36)

- To make an English sentence negative, you usually use the word "not": *I do **not** like to sing.*
- To make a Spanish sentence negative, you usually put **no** in front of the verb or expression: *No me gusta cantar.*
- To answer a Spanish question negatively, you often use **no** twice: **¿Te gusta bailar?** *No, no me gusta.*
- To say that you do not like something at all, you add the word **nada**: No, no me gusta *nada*.
- To say you don't like either of two choices, use **ni... ni**: No me gusta *ni* correr *ni* practicar deportes.

A. Look at the sentences and circle only the *negative* words you see. Some sentences do not have negative words. Follow the model. (*Hint:* There should be eight words circled.)

Modelo   (No) me gusta cantar.

1. ¿Te gusta bailar?

2. No, no me gusta bailar.

3. ¿Te gusta patinar?

4. No, no me gusta nada.

5. No me gusta ni bailar ni patinar.

B. You circled three different negative words in **part A** above. What are they? Write them on the lines.

_____   _____   _____

C. Use the negative words **no**, **ni**, and **nada** to complete the following conversation.

ELENA: Enrique, ¿te gusta escuchar música?

ENRIQUE: No, _____ me gusta.

ELENA: ¿Te gusta bailar?

ENRIQUE: _____, no me gusta bailar.

ELENA: No te gusta _____ escuchar música _____ bailar. ¿Qué te gusta hacer?

ENRIQUE: ¡Me gusta ver la tele!

ELENA: ¡Uy, no me gusta _____!

Negatives *(continued)*

D. Complete the sentences with activities you don't like. You can use the drawings for ideas of activities.

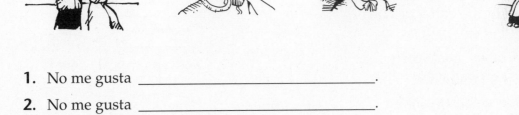

1. No me gusta _____ .

2. No me gusta _____ .

3. No me gusta ni _____ ni _____ .

E. Now answer the questions negatively. Follow the models.

Modelos ¿Te gusta esquiar?
No, no me gusta esquiar.

¿Te gusta correr y nadar?
No, no me gusta ni correr ni nadar.

1. ¿Te gusta dibujar?

_____

2. ¿Te gusta cantar?

_____

3. ¿Te gusta escribir cuentos?

_____

4. ¿Te gusta esquiar y nadar?

_____

5. ¿Te gusta patinar y correr?

_____

Realidades ①

Capítulo 1A

Nombre _____

Fecha _____

Hora _____

Guided Practice Activities 1A-4

Expressing agreement or disagreement (p. 38)

- To agree with what another person <u>likes</u>, use **a mí también**:
    —Me gusta patinar.
    —**A mí también.**
- To agree with what another person <u>dislikes</u>, use **a mí tampoco**:
    —No me gusta cantar.
    —**A mí tampoco.**

A. The word web shows positive (agreement) words and negative (disagreement) words that you have learned. Look at the sample conversation, paying attention to the words **también** and **tampoco**. One of these two words is positive and one is negative. Write each word in the correct circle of the word web.

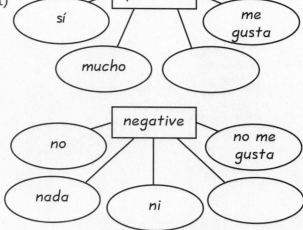

JUAN: A mí me gusta correr.

ANA: A mí **también**.

JUAN: No me gusta cantar.

ANA: A mí **tampoco**.

B. Now, complete the following exchanges with either **también** or **tampoco**.

1. JORGE: A mí me gusta mucho dibujar.

   SUSANA: A mí _____.

2. LUIS: No me gusta nada hablar por teléfono.

   MARCOS: A mí _____.

3. OLIVIA: A mí no me gusta ni bailar ni correr.

   ALBERTO: A mí _____.

4. NATALIA: Me gusta esquiar. ¿Y a ti?

   JAVIER: A mí _____.

5. SARA: A mí no me gusta trabajar.

   PABLO: A mí _____.

6. LORENA: Me gusta mucho montar en bicicleta. ¿Y a ti?

   MARTA: A mí _____.

C. Look back at the exchanges in **part B** above. Put a plus (+) next to the exchange if it is positive. Put a minus (–) next to it if it is negative.

WEB CODE jcd-0105
PHSchool.com

Realidades ❶

Capítulo 1A

Nombre _____

Fecha _____

Hora _____

Guided Practice Activities 1A-5

Lectura: ¿Qué te gusta hacer? (pp. 40–41)

A. The reading in your textbook contains four self-descriptions by students from various parts of the Spanish-speaking world. Read the following selection about Marisol. Then answer the questions that follow.

> "¿Te gusta practicar deportes y escuchar música? ¡A mí me gusta mucho! También me gusta jugar al básquetbol. ¡Hasta luego!"

1. Go back to the reading above and circle the sentence where Marisol is asking you a question.

2. Underline the words that tell you that Marisol is talking about things that she likes.

3. Now list the activities that Marisol likes to do in the spaces below:

_____   _____   _____

B. Read the following selection written by Pablo and answer the questions that follow.

> "Me gusta mucho jugar al vóleibol y al tenis. Me gusta escribir cuentos y también me gusta organizar fiestas con amigos. No me gusta ni jugar videojuegos ni ver la tele. ¡Hasta pronto!"

1. Underline the words that tell you that Pablo is talking about things that he likes.

2. Circle the things Pablo does not like.

3. Pablo is from «Guinea Ecuatorial». How would you write that in English?

_____

C. Some quotes from the reading are listed below. Identify the speaker of each by writing in their name and country of origin. Follow the model.

Modelo   "Me gusta jugar al básquetbol."   *Marisol*   *Puerto Rico*

1. "Me gusta mucho ver la tele."   _____ _____

2. "Me gusta escribir cuentos."   _____ _____

3. "Me gusta hablar por teléfono con amigos."   _____ _____

4. "Me gusta organizar fiestas con amigos."   _____ _____

5. "Me gusta tocar el piano."   _____ _____

Presentación oral (p. 43)

Task: Pretend that you are a new student at school. You have been asked to tell the class a little bit about your likes and dislikes.

A. Fill in each empty space in the diagram with at least two activities that represent you.

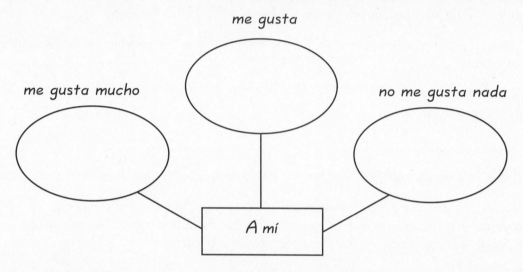

me gusta

me gusta mucho

no me gusta nada

A mí

B. As part of your presentation, you will need to introduce yourself to everyone before you begin talking about your likes and dislikes. Think about how you would introduce yourself in Spanish to someone you don't know. Write one possibility below.

_____

C. Now, add to your greeting by talking about what you like and dislike. Using your information from the diagram in **part A**, write three sentences describing what you like, what you like a lot, and what you do not like.

1. Me gusta _____.

2. Me gusta mucho _____.

3. No me gusta _____.

D. Your teacher will always evaluate your presentations using a rubric, which is like a checklist of elements needed to perform your task. The fewer items completed, the lower the score. Some of the items for this presentation include:

- how much information you communicate
- how easy it is to understand you
- how clearly and neatly your visuals match what you are saying

Realidades ①

Capítulo 1B

Nombre _____

Hora _____

Fecha _____

Vocabulary Flash Cards, Sheet 1

Write the Spanish vocabulary word below each picture. If there is a word or phrase, copy it in the space provided. Be sure to include the article for each noun.

Realidades **1**

Capítulo 1B

Nombre _____

Hora _____

Fecha _____

Vocabulary Flash Cards, Sheet 2

_____

_____

_____

_____

_____

**bueno,
buena**

_____,

_____

**atrevido,
atrevida**

_____,

_____

paciente

_____

**reservado,
reservada**

_____,

_____

Nombre _____   Hora _____

Fecha _____   **Vocabulary Flash Cards, Sheet 3**

simpático, simpática _____ , _____	**talentoso, talentosa** _____ , _____	**yo** _____
él _____	**ella** _____	**la familia** _____ _____
el amigo _____ _____	**la amiga** _____ _____	**a veces** _____ _____

Realidades (1)

Capítulo 1B

Nombre _____

Hora _____

Fecha _____

Vocabulary Flash Cards, Sheet 4

muy

pero

según

según
mi
familia

_____

_____

_____

_____

_____

_____

_____

_____

_____

_____

_____

_____

_____

Realidades 1

Capítulo 1B

Nombre _____

Hora _____

Fecha _____

Vocabulary Check, Sheet 1

Tear out this page. Write the English words on the lines. Fold the paper along the dotted line to see the correct answers so you can check your work.

artístico,
artística _____

atrevido,
atrevida _____

bueno, buena _____

deportista _____

desordenado,
desordenada _____

estudioso,
estudiosa _____

gracioso,
graciosa _____

impaciente _____

inteligente _____

ordenado,
ordenada _____

paciente _____

perezoso,
perezosa _____

Fold In →

Tear out this page. Write the Spanish words on the lines. Fold the paper along
the dotted line to see the correct answers so you can check your work.

artistic

_____

_____

daring

_____

_____

good

_____

sports-minded

_____

messy

_____

_____

studious

_____

_____

funny

_____

_____

impatient

_____

intelligent

_____

neat

_____

_____

patient

_____

lazy

_____

_____

Fold In →

Tear out this page. Write the English words on the lines. Fold the paper along the dotted line to see the correct answers so you can check your work.

reservado, reservada _____

serio, seria _____

simpático, simpática _____

sociable _____

talentoso, talentosa _____

trabajador, trabajadora _____

el chico _____

la chica _____

el amigo _____

la amiga _____

yo _____

él _____

ella _____

muy _____

según mi familia _____

_____

Fold In

Realidades 1

Capítulo 1B

Nombre _____

Fecha _____

Hora _____

Vocabulary Check, Sheet 4

Tear out this page. Write the Spanish words on the lines. Fold the paper along the dotted line to see the correct answers so you can check your work.

reserved, shy _____

_____

serious _____

nice, friendly _____

_____

sociable _____

talented _____

_____

hardworking _____

_____

boy _____

girl _____

friend (male) _____

friend (female) _____

I _____

he _____

she _____

very _____

according to
my family _____

To hear a complete list of the vocabulary for this chapter, go to Disc 1, Track 3 on the Guided Practice Audio CD, or go to www.phschool.com and type in the Web Code jcd-0199. Then click on **Repaso del capítulo.**

Fold In

Realidades **1**

Capítulo 1B

Nombre _____

Fecha _____

Hora _____

Guided Practice Activities 1B-1

Adjectives (p. 55)

- Words that describe people and things are called adjectives.
- Most Spanish adjectives have two forms: masculine (ends in -**o** like **simpático**) and feminine (ends in -**a** like **estudiosa**).
- Masculine adjectives are used with masculine nouns: <u>Tomás</u> es simpátic<u>o</u>.
- Feminine adjectives are used with feminine nouns: <u>Luisa</u> es estudios<u>a</u>.
- Adjectives that end in -**e** and -**ista** may be used with either masculine or feminine nouns:

    <u>Tomás</u> es inteligent<u>e</u>. <u>Luisa</u> es inteligent<u>e</u> también.

    <u>Marcos</u> es muy deport<u>ista</u>. <u>Ana</u> es muy deport<u>ista</u> también.
- Adjectives with the masculine form -**dor** have -**dora** as the feminine form:

    <u>Juan</u> es trabaja<u>dor</u>. <u>Susana</u> es trabaja<u>dora</u> también.

A. Look at the adjectives below. Circle the ending of the adjective: -**o**, -**a**, -**or**, -**ora**, -**e**, or -**ista**.

1. trabajador
2. deportista
3. paciente
4. ordenada
5. inteligente
6. simpática
7. trabajadora
8. sociable
9. estudioso

B. Now, organize the adjectives from **part A** by writing them in the chart under the correct column heading. One has been done for you.

Masculine endings		Feminine endings		Masculine or feminine	
-o	-or	-a	-ora	-e	-ista
	trabajador				

C. Now look at the following sentences. Write **M** next to the sentences where the adjective is masculine. Write **F** next to the sentences where the adjective is feminine. Write **E** next to the sentences where the adjective could be *either* masculine or feminine.

_____ 1. Yo soy muy simpática.

_____ 2. Tú eres muy estudioso.

_____ 3. Tú eres muy ordenado.

_____ 4. Yo soy muy trabajadora.

_____ 5. Yo soy muy inteligente.

_____ 6. Tú eres muy trabajador.

_____ 7. Yo soy muy paciente.

_____ 8. Yo soy muy deportista.

_____ 9. Tú eres muy reservada.

_____ 10. Tú eres muy impaciente.

Realidades ❶

Capítulo 1B

Nombre _____

Hora _____

Fecha _____

Guided Practice Activities 1B-2

Adjectives *(continued)*

D. Choose the correct adjective to complete each sentence and write it in the blank.

1.

Raúl es (**estudioso** / **estudiosa**) _____.

2.

Rebeca es (**artístico** / **artística**) _____.

3.

Pedro es muy (**ordenado** / **ordenada**) _____.

4.

Paulina es muy (**atrevido** / **atrevida**) _____.

5.

Javier es (**trabajador** / **trabajadora**) _____.

6.

Elena es (**perezoso** / **perezosa**) _____.

E. Now, choose the correct adjective in each sentence to describe yourself. Write the adjective in the blank.

1. Yo soy (**paciente** / **impaciente**) _____.

2. Soy (**simpático** / **simpática**) _____.

3. También soy (**trabajador** / **trabajadora**) _____.

4. No soy (**serio** / **seria**) _____.

Go Online WEB CODE jcd-0114
PHSchool.com

Definite and indefinite articles (p. 60)

- **El** and **la** are the Spanish *definite articles*. They mean the same as "the" in English.
- You use **el** with masculine nouns: **el libro**. You use **la** with feminine nouns: **la carpeta**.
- **Un** and **una** are the Spanish *indefinite articles*. They mean the same as "a" and "an" in English.
- You use **un** with masculine nouns: **un libro**. You use **una** with feminine nouns: **una carpeta**.

A. Look at the ending of each noun in this group. Decide if the noun is masculine or feminine. Write **M** next to the masculine words and **F** next to the feminine words. Follow the model.

Modelo   *F* computadora

1. _____ año   3. _____ libro   5. _____ carpeta

2. _____ semana   4. _____ hoja   6. _____ profesor

B. Now, look at the words from **part A** again and circle the definite article **el** for the masculine words and the definite article **la** for the feminine words.

1. (el / la) año   3. (el / la) libro   5. (el / la) carpeta

2. (el / la) semana   4. (el / la) hoja   6. (el / la) profesor

C. Look at the ending of each noun below. Decide if the word is masculine or feminine. Write **M** next to the masculine words and **F** next to the feminine words.

1. _____ cuaderno   3. _____ revista   5. _____ bicicleta

2. _____ amigo   4. _____ familia   6. _____ cuento

D. Now, look at the words from **part C** again and circle the indefinite article **un** for the masculine words and the indefinite article **una** for the feminine words.

1. (un / una) cuaderno   3. (un / una) revista   5. (un / una) bicicleta

2. (un / una) amigo   4. (un / una) familia   6. (un / una) cuento

E. Circle the correct definite or indefinite article to complete each sentence.

1. (El / La) estudiante es estudiosa.   5. (El / La) profesor es trabajador.

2. (El / La) profesora es buena.   6. (Un / Una) estudiante es artístico.

3. (Un / Una) amigo es simpático.   7. (El / La) amiga es inteligente.

4. (Un / Una) estudiante es atrevida.   8. (Un / Una) estudiante es
   reservada.

Go Online WEB CODE jcd-0113
PHSchool.com

Realidades 1

Capítulo 1B

Nombre _____

Hora _____

Fecha _____

Guided Practice Activities 1B-4

Word order: Placement of adjectives (p. 62)

- English adjectives usually come *before* the noun they describe.
- Spanish adjectives usually come *after* the noun they describe:
  Olga es una <u>chica talentosa</u>.
- Many Spanish sentences follow this pattern:
  <u>subject noun</u> + <u>verb</u> + <u>indefinite article and noun</u> + <u>adjective</u>
      1   2   3   4
  <u>Roberto</u> <u>es</u> <u>un estudiante</u> <u>bueno</u>. <u>Serena</u> <u>es</u> <u>una chica</u> <u>inteligente</u>.
    1   2   3   4   1   2   3   4

A. Look at the following groups of words. Write a number from **1** to **4** below each word according to what kind of word it is. Follow the model and use the examples above.

- Write **1** for subject nouns.
- Write **2** for verbs.
- Write **3** for indefinite articles and nouns.
- Write **4** for adjectives.

Modelo es / Diego / talentoso / un estudiante
      2   1   4   3

1. seria / Olga / una estudiante / es

2. un amigo / es / bueno / Guillermo

3. Javier / un estudiante / es / trabajador

4. es / Concha / simpática / una chica

5. es / una estudiante / Ana / inteligente

6. Manuel / es / atrevido / un chico

B. Now, write the complete sentence for each example from **part A** by putting the words in order by the numbers you added, going from 1 to 4. Follow the model.

Modelo *Diego es un estudiante talentoso.*

1. _____
2. _____
3. _____
4. _____
5. _____
6. _____

Go Online WEB CODE jcd-0115 PHSchool.com

Lectura: Un *self-quiz* (p. 64–65)

A. You have seen many cognates used in your textbook. Cognates are related words in different languages; for example, the word **profesor** in Spanish is a *professor* or *teacher* in English. Cognates occur in your vocabulary lists and in readings. Look at the cognates below and write the English word for each on the line provided. Follow the model.

| Modelo | bicicleta | *bicycle* |

1. computadora _____
2. básquetbol _____
3. la tele _____
4. los colores _____

5. verbo _____
6. usar _____
7. organizar _____
8. estudiar _____

B. Now, read the following section from your textbook. You will find even more cognates in this reading. Find the Spanish word that corresponds to each English word below. Write the Spanish word on the lines provided.

> ¡Los colores revelan tu personalidad!
> ¿Eres una chica? ¿Te gusta el verde? Eres una chica natural.
> ¿Eres una chica? ¿Te gusta el azul? Eres muy talentosa.
> ¿Eres una chica? ¿Te gusta el violeta? Eres muy independiente.

- personality _____
- natural _____
- talented _____
- independent _____
- violet _____

C. The reading in your textbook is a self-quiz that tells you information about your personality based on the colors you like and whether you are a boy or a girl. Based on the information given below and what you learned from the reading, circle if you are a boy or a girl. Then, write what color you like. Follow the model.

| Modelo | Eres romántico. Eres ((un chico) / una chica). Te gusta ___*el violeta*___ |

1. Eres atrevido. Eres (**un chico** / **una chica**). Te gusta _____.
2. Eres muy talentosa. Eres (**un chico** / **una chica**). Te gusta _____.
3. Eres artística. Eres (**un chico** / **una chica**). Te gusta _____.

Presentación escrita (p. 67)

Task: Write an e-mail in which you introduce yourself to a prospective pen pal.

❶ **Prewrite.** In order to introduce yourself to a new friend, you need to first organize what you are going to include. Fill in the form below with your personal information.

Me llamo _____.

Soy (*use adjectives to describe yourself*) _____

_____.

Me gusta _____.

No me gusta _____.

❷ **Draft.** Read the following e-mail that another student has written. You should use this to guide you in drafting your own e-mail.

> ¡Hola! Me llamo Pilar. Soy una chica artística y muy independiente. Me gusta mucho dibujar y usar la computadora, pero me gusta más bailar. Me gusta la música salsa. No me gusta nada practicar deportes. ¿Cómo eres tú? Escríbeme pronto.

Now, create an e-mail similar to the one above writing in your information from **part 1**.

¡Hola! Me llamo _____. Soy (**un chico** / **una chica**) _____

_____ y _____. Me gusta mucho _____

_____, pero me gusta más _____.

Me gusta _____. No me gusta

_____.

¿Cómo eres tú? Escríbeme pronto.

❸ **Revise.** Exchange papers with another student in your class. Use the following checklist to review your partner's e-mail and also when you rewrite yours. If you need help figuring out what is correct, use the model from the **Prewrite** section above.

_____ Is there enough information provided for each question in the prewrite stage?
- stated his/her name
- described himself/herself
- said what he/she likes to do
- said what he/she doesn't like to do

_____ Is the spelling correct? (Use a dictionary if you are not sure.)

_____ Are the adjectives in the correct form? (Think, is the student male or female?)

_____ Is there an opening and a closing?

❹ **Publish.** Write your revised e-mail on a separate sheet of paper. Your teacher may ask you to type the e-mail and send it to a prospective pen pal.

Realidades ❶

Capítulo 2A

Nombre _____

Hora _____

Fecha _____

Vocabulary Flash Cards, Sheet 1

Write the Spanish vocabulary word below each picture. If there is a word or phrase, copy it in the space provided. Be sure to include the article for each noun.

		Horario Hora — Clase Primera hora — inglés Segunda hora — matemáticas Tercera hora — arte Cuarta hora — ciencias sociales Quinta hora — el almuerzo Sexta hora — tecnología Séptima hora — español Octava hora — educación física Novena hora — ciencas naturales
_____	_____	_____
SPANISH	Diccionario Español/Inglés Inglés/Español	
_____	_____	_____
.20	Social Studies	
_____	_____	_____

Realidades **1**

Capítulo 2A

Nombre _____

Hora _____

Fecha _____

Vocabulary Flash Cards, Sheet 2

_____

_____

_____

_____

_____

_____

la clase

hablar

necesito

_____

_____

_____

Realidades

Capítulo 2A

Nombre _____

Hora _____

Fecha _____

Vocabulary Flash Cards, Sheet 3

en la ... hora	**primero, primera**	**segundo, segunda**
_____ _____	_____ , _____	_____ , _____
tercero, tercera	**cuarto, cuarta**	**quinto, quinta**
_____ , _____	_____ , _____	_____ , _____
sexto, sexta	**séptimo, séptima**	**octavo, octava**
_____ , _____	_____ , _____	_____ , _____

noveno, novena

_____,

_____

décimo, décima

_____,

_____

aburrido, aburrida

_____,

_____

difícil

_____

divertido, divertida

_____,

_____

fácil

_____

favorito, favorita

_____,

_____

interesante

_____

práctico, práctica

_____,

_____

Nombre _____

Hora _____

Fecha _____

más... que _____... _____	**a ver...** _____	**¿Quién?** _____
para _____	**mucho** _____	**la tarea** _____ _____
la clase de... _____ _____	**necesitas** _____	**(yo) tengo** _____

**(tú)
tienes**

_____

_____

_____

_____

_____

_____

_____

_____

_____

_____

_____

_____

_____

_____

_____

_____

_____

_____

Realidades (1)

Capítulo 2A

Nombre _____

Hora _____

Fecha _____

Vocabulary Check, Sheet 1

Tear out this page. Write the English words on the lines. Fold the paper along the dotted line to see the correct answers so you can check your work.

el almuerzo _____

la clase _____

arte _____

español _____

ciencias naturales _____

ciencias sociales _____

educación física _____

inglés _____

matemáticas _____

tecnología _____

el horario _____

la tarea _____

enseñar _____

estudiar _____

hablar _____

primero, primera _____

segundo, segunda _____

Fold In

Realidades ❶

Capítulo 2A

Nombre _____

Hora _____

Fecha _____

Vocabulary Check, Sheet 2

Tear out this page. Write the Spanish words on the lines. Fold the paper along the dotted line to see the correct answers so you can check your work.

lunch _____

class _____

art _____

Spanish _____

science _____

social studies _____

physical education _____

English _____

mathematics _____

technology/ computers _____

schedule _____

homework _____

to teach _____

to study _____

to talk _____

first _____

second _____

Fold In

Realidades 1

Capítulo 2A

Nombre

Hora

Fecha

Vocabulary Check, Sheet 3

Tear out this page. Write the English words on the lines. Fold the paper along the dotted line to see the correct answers so you can check your work.

tercero, tercera _____

cuarto, cuarta _____

quinto, quinta _____

sexto, sexta _____

séptimo, séptima _____

octavo, octava _____

noveno, novena _____

décimo, décima _____

la calculadora _____

la carpeta de argollas _____

_____

el diccionario _____

aburrido, aburrida _____

difícil _____

fácil _____

Fold In

Realidades ❶

Capítulo 2A

Nombre _____

Hora _____

Fecha _____

Vocabulary Check, Sheet 4

Tear out this page. Write the Spanish words on the lines. Fold the paper along the dotted line to see the correct answers so you can check your work.

third _____

fourth _____

fifth _____

sixth _____

seventh _____

eighth _____

ninth _____

tenth _____

calculator _____

three-ring
binder _____

_____

dictionary _____

boring _____

difficult _____

easy _____

To hear a complete list of the vocabulary for this chapter,
go to Disc 1, Track 4 on the Guided Practice Audio CD, or
go to www.phschool.com and type in the Web Code jcd-0289.
Then click on **Repaso del capítulo.**

Fold In

Subject pronouns (p. 82)

- The subject of the sentence tells who is doing the action. It is often a name:
  Ana canta.
- Subject pronouns replace people's names to say who is doing an action:
  Ella canta. **Tú bailas.**
- Here are the Spanish subject pronouns:

Singular	Plural
yo (I)	**nosotros** (we, *masculine or mixed*)
tú (you, *familiar*)	**nosotras** (we, *feminine*)
usted (you, *formal*)	**vosotros** (you, *familiar plural, masculine or mixed*)
él (he)	**vosotras** (you, *familiar plural, feminine*)
ella (she)	**ustedes** (you, *formal plural*)
	ellos (they, *masculine or mixed*)
	ellas (they, *feminine*)

- **Vosotros** and **vosotras** are primarily used in Spain.
- **Usted** and **ustedes** are formal forms that are used with people you address with a title, such as **señor** and **doctor**.
- In Latin America, **ustedes** is also used when addressing two or more people you call **tú** individually.

A. Write the twelve subject pronouns listed above in the correct category of the chart. Follow the model.

Singular			Plural		
Masculine only	Feminine only	Masculine or feminine	Masculine or mixed	Feminine only	Masculine or feminine
él					

B. Look at the English subject pronouns below. Use the list above to help you circle the Spanish subject pronoun that corresponds to the English pronoun.

1. I (**él** / **yo**)
2. we (**nosotros** / **vosotros**)
3. you (**ella** / **usted**)
4. they (**ellos** / **ustedes**)
5. he (**tú** / **él**)
6. we (**usted** / **nosotras**)
7. you (**nosotras** / **tú**)
8. you (**ellas** / **ustedes**)
9. she (**él** / **ella**)
10. they (**nosotras** / **ellas**)

Realidades 1

Capítulo 2A

Nombre _____ Hora _____

Fecha _____ **Guided Practice Activities 2A-2**

Subject pronouns *(continued)*

C. Circle the subject pronoun that is best associated with each group of names.

1. Susana, Luisa, Marta: (**ellos** / **ellas**)

2. Pablo: (**él** / **ella**)

3. el señor Rivas: (**tú** / **usted**)

4. la señora Rivas: (**tú** / **usted**)

5. Alberto y tú: (**ustedes** / **nosotros**)

6. Sandra y ella: (**ellos** / **ellas**)

7. Marcos y María: (**ellos** / **ellas**)

8. el señor Rodríguez y la señora Rodríguez: (**ustedes** / **vosotros**)

9. Teresa: (**él** / **ella**)

10. Martín y Roberto: (**ellos** / **ellas**)

D. Look at the following drawings and answer the questions using subject pronouns. Follow the model.

Modelo ¿Quién es?

Es ___*él*___ .

1. ¿Quién es?

Es _____ .

4. ¿Quién soy?

Soy _____ .

2. ¿Quiénes son?

Son _____ .

5. ¿Quiénes son?

Somos _____ .

3. ¿Quién es?

Es _____ .

64 *Guided Practice Activities* — 2A-2

Go Online WEB CODE jcd-0203
PHSchool.com

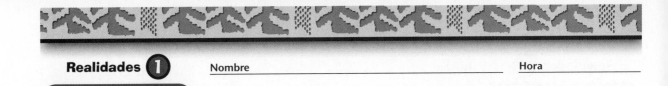

Realidades ❶

Capítulo 2A

Nombre _____

Fecha _____

Hora _____

Guided Practice Activities 2A-3

Present tense of -*ar* verbs (p. 84)

- An infinitive is the most basic form of a verb. In English, infinitives have the word "to" in front of them (to talk). In Spanish, infinitives end in -**ar**, -**er**, or -**ir**.
- The largest number of Spanish infinitives end in -**ar**: **hablar, cantar**, etc.
- To create the present tense of most of these verbs, drop the -**ar** from the stem: **habl-, cant-,** etc.
- Add the verb endings:

yo: add -**o**: **hablo**	nosotros/nosotras: add -**amos**: hablamos
tú: add -**as**: **hablas**	vosotros/vosotras: add -**áis**: habláis
usted/él/ella: add -**a**: **habla**	ustedes/ellos/ellas: add -**an**: hablan

A. Look at each verb form. Circle the ending. Follow the model.

Modelo   estudi(a)

1. hablas
2. nado
3. canta
4. tocamos
5. trabajas

6. patinamos
7. dibujan
8. bailo
9. pasan
10. escucha

B. Now, look at the same list of verb forms from **part A** and circle the subject pronoun that matches each verb.

1. (**usted** / **tú**) hablas
2. (**yo** / **ella**) nado
3. (**usted** / **yo**) canta
4. (**nosotros** / **vosotros**) tocamos
5. (**tú** / **usted**) trabajas

6. (**ellos** / **nosotras**) patinamos
7. (**ustedes** / **nosotros**) dibujan
8. (**yo** / **él**) bailo
9. (**ellas** / **usted**) pasan
10. (**ella** / **ustedes**) escucha

Realidades ①

Capítulo 2A

Nombre _____

Hora _____

Fecha _____

Guided Practice Activities 2A-4

Present tense of *-ar* verbs *(continued)*

C. Complete each sentence by writing the correct **-ar** verb ending on the line provided. Follow the model.

Modelo   Ellas mont*an*___ en bicicleta.

1. Marta trabaj_____ .

2. Yo cant_____.

3. Tú esquí_____.

4. Ellos patin_____.

5. Nosotros bail_____.

D. Now, complete each sentence with the correct verb form of the infinitive in parentheses. Follow the model.

Modelo   Tú (nadar) *nadas*___ .

1. Yo (bailar) _____.

2. Ella (cantar) _____.

3. Nosotros (trabajar) _____.

4. Ustedes (patinar) _____.

5. Ellos (esquiar) _____.

6. Tú (nadar) _____.

7. Él (dibujar) _____.

8. Ellas (usar) _____ la computadora.

E. Create complete sentences using the subject pronoun provided. Follow the model.

Modelo   tú /   *Tú dibujas.*_____

1. él /

_____

3. ellos /

_____

2. nosotros /

_____

4. yo /

_____

Go Online WEB CODE jcd-0204
PHSchool.com

Realidades ❶

Capítulo 2A

Nombre _____

Hora _____

Fecha _____

Guided Practice Activities 2A-5

Lectura: La Escuela Español Vivo (pp. 90–91)

A. The reading in your textbook is a brochure for a school called **Español Vivo**. The following is an excerpt from that reading. Read and answer the questions that follow.

> *Es verano, el mes de junio. Eres estudiante en Santa Ana, un pueblo en las montañas de Costa Rica.*

1. Underline the season and month in the paragraph above.

2. Circle the town and country where the school is located.

3. What does the word **montañas** mean? _____

B. Here is another excerpt from that same reading. Read and answer the questions below.

> *Hay cinco estudiantes en tu clase. Uds. escuchan, hablan y practican el español todo el día. También usan la computadora.*

1. How many students are in the class? _____

2. Circle the four activities from the reading that students do in class (just circle the verbs).

3. How many of the verbs that you circled in number 2 go with the word **el español**?

    _____ Which ones? _____

C. Look at the reading on the top of the second page in your textbook.

1. Circle the one activity listed below that is NOT something you can do on the weekends in Costa Rica.

    a. visitar un volcán

    b. visitar un parque nacional

    c. nadar en el mar Mediterráneo

    d. nadar en el océano Pacífico

2. There are many cognates in the four examples above. Write the Spanish word or words, choosing from examples **a** through **d**, that go with the English words below.

    • visit _____

    • volcano _____

    • national park _____

    • Mediterranean _____

    • Pacific Ocean _____

D. Look at the schedule for the school day in the **Español Vivo** school. Answer the questions that follow.

Hora	lunes a viernes
08:00–10:30	Clases de español
10:30–11:00	Recreo
11:00–13:00	Clases de español
13:00–14:00	Almuerzo
14:00–15:30	Conversaciones
15:30–16:30	Clase de música y baile

1. At what times do the students go to classes?

    at _____, _____, and _____

2. When do students have conversations? at _____

3. Since there is no A.M. or P.M., how do you know when the clock goes over to afternoon hours? _____

Realidades ①

Capítulo 2A

Nombre _____

Hora _____

Fecha _____

Guided Practice Activities 2A-6

Presentación oral (p. 93)

Task: Imagine that a student from Costa Rica has just arrived at your school. Tell the student about some of your classes.

A. Fill in the chart below with information on three of your classes. Follow the model.

Hora	Clase	Comentarios	Profesor(a)
primera	la clase de arte	me gusta dibujar	el Sr. Gómez

B. Before writing up your own presentation, read the following sample. Read it out loud the second time through to get an idea of how long it will take you to do your presentation.

> *En la primera hora tengo la clase de arte. Me gusta dibujar. La clase es mi favorita. El Sr. Gómez es el profesor.*

When speaking, remember to do the following:

_____ speak clearly

_____ use complete sentences

_____ read all information

C. Now, fill in the paragraph below with information about one of your classes.

En la _____ hora tengo la clase de _____.

Me gusta _____. La clase es _____.

_____ es el (la) profesor(a).

D. When the teacher asks you to present your work, you will describe the one class as you see it in **part C.** Your teacher will be grading you on:

• how complete your preparation is

• how much information you communicate

• how easy it is to understand you.

Realidades ❶

Capítulo 2B

Nombre _____

Fecha _____

Hora _____

Vocabulary Flash Cards, Sheet 1

Write the Spanish vocabulary word below each picture. If there is a word or phrase, copy it in the space provided. Be sure to include the article for each noun.

Realidades ❶

Capítulo 2B

Nombre _____

Hora _____

Fecha _____

Vocabulary Flash Cards, Sheet 2

___ ___
_____

___ ___
_____

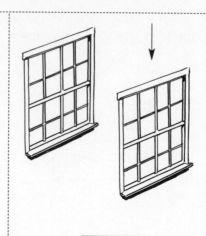

___ ___
_____

___ ___
_____

___ ___
_____

de

___ ___
_____

___ ___
_____

___ ___
_____

Hay

___ ___
_____

Realidades 1

Capítulo 2B

Nombre _____

Hora _____

Fecha _____

Vocabulary Flash Cards, Sheet 3

al lado de	detrás de	allí
___ ___	___	___
debajo de	encima de	aquí
___	___	___
delante de	en	¿Dónde?
___	___	___

Realidades **1**

Capítulo 2B

Nombre _____

Fecha _____

Hora _____

Vocabulary Flash Cards, Sheet 4

mi

_____

tu

_____

Es un(a)...

_____

_____

¿Qué es esto?

_____ _____

_____

los,
las

_____

_____

unos,
unas

_____

_____

_____

_____

_____

_____

_____

_____

_____

Tear out this page. Write the English words on the lines. Fold the paper along
the dotted line to see the correct answers so you can check your work.

la bandera _____

el cartel _____

la computadora _____

el disquete _____

la mochila _____

_____

la pantalla _____

la papelera _____

_____

el ratón _____

el reloj _____

el sacapuntas _____

_____

el teclado _____

el escritorio _____

la mesa _____

la silla _____

la puerta _____

Fold In

Nombre _____

Hora _____

Fecha _____

Tear out this page. Write the Spanish words on the lines. Fold the paper along the dotted line to see the correct answers so you can check your work.

flag _____

poster _____

computer _____

diskette _____

bookbag, backpack _____

(computer) screen _____

wastepaper basket _____

(computer) mouse _____

clock _____

pencil sharpener _____

(computer) keyboard _____

desk _____

table _____

chair _____

door _____

Fold In

Realidades 1

Capítulo 2B

Nombre

Hora

Fecha

Vocabulary Check, Sheet 3

Tear out this page. Write the English words on the lines. Fold the paper along the dotted line to see the correct answers so you can check your work.

la ventana   _____

al lado de   _____

allí   _____

aquí   _____

debajo de   _____

delante de   _____

detrás de   _____

¿Dónde?   _____

en   _____

encima de   _____

Hay   _____

Fold In

Tear out this page. Write the Spanish words on the lines. Fold the paper along
the dotted line to see the correct answers so you can check your work.

window _____

next to _____

there _____

here _____

underneath _____

in front of _____

behind _____

Where? _____

in, on _____

on top of _____

There is, There are _____

Fold In

To hear a complete list of the vocabulary for this chapter,
go to Disc 1, Track 5 on the Guided Practice Audio CD, or
go to www.phschool.com and type in the Web Code jcd-0299.
Then click on **Repaso del capítulo.**

Realidades ①

Nombre _____

Hora _____

Capítulo 2B

Fecha _____

Guided Practice Activities 2B-1

The verb *estar* (p. 107)

- Irregular verbs do not follow the same pattern as regular verbs.
- **Estar** (*to be*) is irregular. Its **yo** form (**estoy**) is different from the regular **-ar yo** form. Its **tú**, **usted/él/ella**, and **ustedes/ellos/ellas** forms are different because they have an accent on the **a**: **estás, está, están**.
- Here are the forms of **estar**:

yo	estoy	nosotros/nosotras	estamos
tú	estás	vosotros/vosotras	estáis
usted/él/ella	está	ustedes/ellos/ellas	están

- **Estar** is used to tell how someone feels or to give a location.

A. Circle the ending of each form of **estar**.

1. yo estoy
2. tú estás
3. Ud. está

4. nosotras estamos
5. ellos están

B. Now, complete each sentence by writing in the correct ending for the correct form of **estar**.

1. Tú est_____ en la clase de arte.
2. Ellos est_____ en la clase de ciencias.
3. Nosotros est_____ en la clase de español.
4. Yo est_____ en la clase de matemáticas.
5. Él est_____ en la clase de literatura.
6. Usted est_____ en la oficina.
7. Ustedes est_____ en la sala de clase.
8. Nosotras est_____ en la clase de tecnología.

C. Complete each sentence with the correct form of **estar**.

1. Yo _____ bien.
2. Tú _____ muy bien.
3. Ella _____ regular.
4. Nosotras _____ bien.

5. Usted _____ regular.
6. Ellos _____ bien.
7. Él _____ regular.
8. Ustedes _____ bien.

WEB CODE jcd-0214
PHSchool.com

Realidades ❶

Capítulo 2B

Nombre _____

Hora _____

Fecha _____

Guided Practice Activities 2B-2

The verb *estar (continued)*

D. Complete the conversation with correct forms of **estar**.

LUISA: ¡Buenos días! ¿Cómo _____ ustedes?

ANA E INÉS: Nosotras _____ bien. ¿Y tú? ¿Cómo _____?

LUISA: Yo _____ muy bien. ¿Dónde _____ Marcos y Marta?

ANA: Marcos _____ en la clase de español. Marta _____ en la clase de matemáticas.

E. Create complete sentences with **estar**. Follow the model.

Modelo   usted / estar / en la clase de matemáticas

     Usted está en la clase de matemáticas _____.

1. tú / estar / en la clase de español

 _____.

2. ellas / estar / en la clase de arte

 _____.

3. nosotros / estar / en la clase de inglés

 _____.

4. usted / estar / en la clase de matemáticas

 _____.

5. yo / estar / en la clase de tecnología

 _____.

6. él / estar / en la clase de ciencias sociales

 _____.

Go Online WEB CODE jcd-0214
PHSchool.com

The plurals of nouns and articles (p. 110)

Plural of nouns		Plural definite articles		Plural indefinite articles	
Ends in vowel	Ends in consonant	Masculine	Feminine	Masculine	Feminine
add -s: libros, sillas	add -es: relojes, carteles	**los** (*the*) **los libros**	**las** (*the*) **las sillas**	**unos** (*some, a few*) **unos libros**	**unas** (*some, a few*) **unas sillas**

- Nouns that end in **-z** change the **z** to **c** in the plural: **lápiz → lápices**.

A. Circle the ending of each noun. Is it a vowel or a consonant? Write **V** for vowel or **C** for consonant next to each word.

1. _____ cartel   5. _____ bandera

2. _____ teclado   6. _____ reloj

3. _____ mochila   7. _____ disquete

4. _____ mes   8. _____ profesor

B. Now, look at the same words from **part A** and add the endings to make them plural.

1. cartel_____   5. bandera_____

2. teclado_____   6. reloj_____

3. mochila_____   7. disquete_____

4. mes_____   8. profesor_____

C. Now, write the *complete* plural form of each word from **part B**.

1. cartel   _____

2. teclado   _____

3. mochila   _____

4. mes   _____

5. bandera   _____

6. reloj   _____

7. disquete   _____

8. profesor   _____

The plurals of nouns and articles (*continued*)

D. Identify whether each of the words from **part C** are masculine or feminine. Write **M** for masculine or **F** for feminine next to each word.

1. _____ cartel   5. _____ bandera

2. _____ teclado   6. _____ reloj

3. _____ mochila   7. _____ disquete

4. _____ mes   8. _____ profesor

E. Now, look at the words from **part D** in the plural. Circle the correct definite article, masculine or feminine.

1. (los / las) carteles   5. (los / las) banderas

2. (los / las) teclados   6. (los / las) relojes

3. (los / las) mochilas   7. (los / las) disquetes

4. (los / las) meses   8. (los / las) profesores

F. Look at each noun below and write **los** or **las**, depending on whether the word is masculine or feminine.

1. _____ puertas   4. _____ lápices

2. _____ ventanas   5. _____ ratones

3. _____ horarios   6. _____ pantallas

G. Look at the words from **part E** again. This time, circle the correct indefinite article, masculine or feminine.

1. (unos / unas) carteles   5. (unos / unas) banderas

2. (unos / unas) teclados   6. (unos / unas) relojes

3. (unos / unas) mochilas   7. (unos / unas) disquetes

4. (unos / unas) meses   8. (unos / unas) profesores

H. Look at the nouns from **part F** again. Now, write **unos** or **unas**, depending on whether the word is masculine or feminine.

1. _____ puertas   4. _____ lápices

2. _____ ventanas   5. _____ ratones

3. _____ horarios   6. _____ pantallas

Realidades 1

Capítulo 2B

Nombre _____

Hora _____

Fecha _____

Guided Practice Activities 2B-5

Lectura: El UNICEF y una convención para los niños (pp. 114–115)

A. The reading in your textbook talks about the organization UNICEF (United Nations International Children's Emergency Fund). You will see many cognates in the reading. Look through the reading and find the Spanish words that most closely resemble the ones below. Write the words in the spaces provided.

1. convention _____
2. dignity _____
3. nations _____
4. protection _____
5. special _____

6. diet _____
7. opinions _____
8. community _____
9. violence _____
10. privilege _____

B. Look at the first paragraph from the reading in your textbook. Write down three things that are said to be privileges for children.

1. _____
2. _____
3. _____

C. Read the following excerpt from your textbook and answer the questions that follow.

UNICEF…tiene siete oficinas regionales en diversas naciones y un Centro de Investigaciones en Italia.

1. Where does UNICEF have seven regional offices?

_____

2. Where is there a Center of Investigation for UNICEF?

_____

D. Look again at the bulleted list in your textbook and list five things in the spaces below that the convention said that all children need.

1. _____
2. _____
3. _____
4. _____
5. _____

Presentación escrita (p. 117)

Task: Pretend you have a pen pal from Mexico who is coming to visit your school next semester. Write your pen pal a note describing your Spanish classroom.

❶ **Prewrite.**

A. On a separate sheet of paper draw a sketch of your Spanish classroom. You will use this as a reference when writing your note. Try to include four or five different items.

B. Label the items in your sketch using words from your vocabulary.

❷ **Draft.**

A. Read the sample note written by another student. Use this to guide your own writing.

> *En mi sala de clases hay cinco ventanas. Mi pupitre está al lado del escritorio del profesor. La puerta está detrás de mi pupitre. Hay una bandera encima de la mesa de computadoras.*

B. Look at the sample note again and list, in the spaces below, all of the classroom objects mentioned.

_____   _____   _____

_____   _____   _____

C. Compare the list of words in **part B** with the words you labeled in your sketch. This will help you get an idea of how similar your draft will be to the model. Create three sentences below filling in what items are in your classroom and where they are located.

1. Hay _____.

2. _____ está _____.

3. _____ está _____.

❸ **Revise.** Read through your draft to see if it makes sense to you. Share your work with a partner who should check the following:

_____ Are the sentences easy to understand?

_____ Did you leave out anything from your drawing?

_____ Are there any spelling or grammar errors?

_____ If there are any problems with your draft, make a revised draft.

Write the Spanish vocabulary word below each picture. If there is a word or phrase, copy it in the space provided. Be sure to include the article for each noun.

Realidades ①

Capítulo 3A

Nombre _____

Hora _____

Fecha _____

Vocabulary Flash Cards, Sheet 2

_____

_____

_____

_____

_____

_____

_____

_____

_____

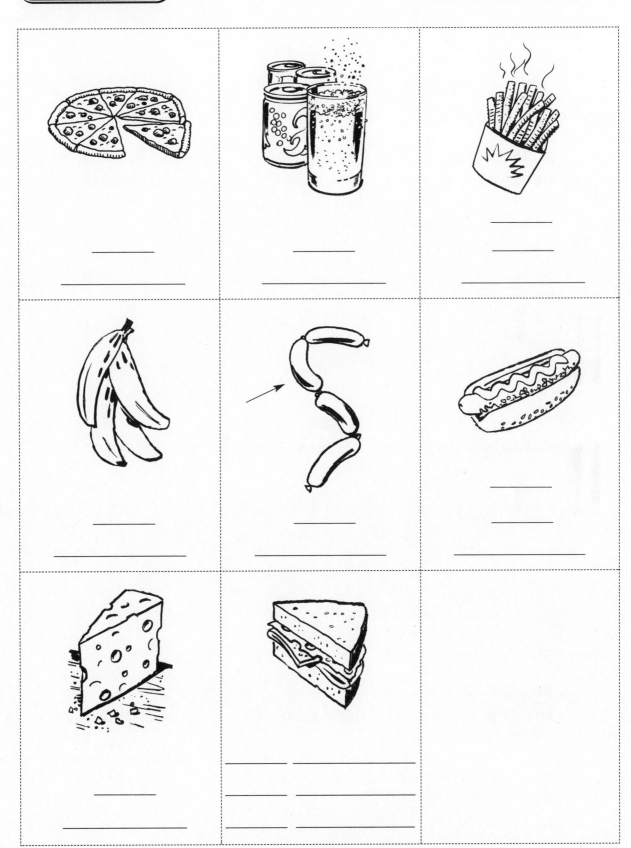

Realidades 1

Capítulo 3A

Nombre _____

Hora _____

Fecha _____

Vocabulary Flash Cards, Sheet 4

la manzana _____ _____	**la ensalada** _____ _____	**en el almuerzo** _____ _____
la naranja _____ _____	**las fresas** _____ _____	**en el desayuno** _____ _____
el pan tostado _____ _____	**el desayuno** _____ _____	**la comida** _____ _____

Realidades 1

Capítulo 3A

Nombre _____

Hora _____

Fecha _____

Vocabulary Flash Cards, Sheet 5

beber _____	**comer** _____	**compartir** _____
nunca _____	**siempre** _____	**todos los días** _____ ___ _____
por supuesto _____ _____	**¡Qué asco!** _____ _____	**¿Verdad?** _____ _____

comprender _____	**con** _____	**¿Cuál?** _____
más o menos _____ _____ _____	**sin** _____	**Me encanta(n). . .** _____ _____
Te encanta(n). . . _____ _____	**Me gusta(n). . .** _____ _____	**Te gusta(n). . .** _____ _____

Realidades ①

Capítulo 3A

Nombre _____

Hora _____

Fecha _____

Vocabulary Check, Sheet 1

Tear out this page. Write the English words on the lines. Fold the paper along the dotted line to see the correct answers so you can check your work.

en el desayuno _____

los huevos _____

el pan _____

el pan tostado _____

el plátano _____

la salchicha _____

el tocino _____

el yogur _____

en el almuerzo _____

la ensalada
de frutas _____

las fresas _____

la galleta _____

la hamburguesa _____

el jamón _____

las papas fritas _____

el perrito caliente _____

la pizza _____

Fold In →

Tear out this page. Write the Spanish words on the lines. Fold the paper along the dotted line to see the correct answers so you can check your work.

for breakfast   _____

eggs   _____

bread   _____

toast   _____

banana   _____

sausage   _____

bacon   _____

yogurt   _____

for lunch   _____

fruit salad   _____

   _____

strawberries   _____

cookie   _____

hamburger   _____

ham   _____

French fries   _____

hot dog   _____

pizza   _____

Fold In

Nombre _____   Hora _____

Fecha _____   **Vocabulary Check, Sheet 3**

Tear out this page. Write the English words on the lines. Fold the paper along the dotted line to see the correct answers so you can check your work.

el sándwich de
jamón y queso   _____

la sopa de
verduras   _____

el agua   _____

el café   _____

el jugo de manzana   _____

el jugo de naranja   _____

la leche   _____

la limonada   _____

el refresco   _____

el té helado   _____

beber   _____

comer   _____

la comida   _____

compartir   _____

nunca   _____

siempre   _____

todos los días   _____

Fold In

Tear out this page. Write the Spanish words on the lines. Fold the paper along the dotted line to see the correct answers so you can check your work.

ham and cheese   _____
sandwich   _____

vegetable soup   _____
    _____

water   _____

coffee   _____

apple juice   _____

orange juice   _____

milk   _____

lemonade   _____

soft drink   _____

iced tea   _____

to drink   _____

to eat   _____

food, meal   _____

to share   _____

never   _____

always   _____

every day   _____

Fold In

To hear a complete list of the vocabulary for this chapter, go to Disc 1, Track 6 on the Guided Practice Audio CD, or go to www.phschool.com and type in the Web Code jcd-0389. Then click on **Repaso del capítulo.**

Realidades 1

Capítulo 3A

Nombre _____

Hora _____

Fecha _____

Guided Practice Activities 3A-1

Present tense of -*er* and -*ir* verbs (p. 132)

- Like the -**ar** verbs you learned previously, regular -**er** and -**ir** verbs follow a similar pattern in the present tense.

- For -**er** and -**ir** verbs, drop the -**er** or -**ir** from the infinitive (**comer, escribir,** etc.) and add the appropriate endings. The endings are the same for -**er** and -**ir** verbs except for in the **nosotros** and **vosotros** forms.

Present tense of -*er* verbs: *comer*	
yo: add -**o**: **como**	nosotros/nosotras: add -**emos**: **comemos**
tú: add -**es**: **comes**	vosotros/vosotras: add -**éis**: **coméis**
usted/él/ella: add -**e**: **come**	ustedes/ellos/ellas: add -**en**: **comen**

Present tense of -*ir* verbs: *escribir*	
yo: add -**o**: **escribo**	nosotros/nosotras: add -**imos**: **escribimos**
tú: add -**es**: **escribes**	vosotros/vosotras: add -**ís**: **escribís**
usted/él/ella: add -**e**: **escribe**	ustedes/ellos/ellas: add -**en**: **escriben**

A. Circle the ending in each verb form below.

1. escribimos
2. comparten
3. bebes
4. corre
5. ven

6. leo
7. escribes
8. comprendemos
9. comparto
10. ve

B. Now, look at the list of verbs in **part A**. Circle the correct subject pronoun for each verb.

1. (**ustedes / nosotros**) escribimos
2. (**ustedes / ella**) comparten
3. (**nosotros / tú**) bebes
4. (**yo / ella**) corre
5. (**ellos / nosotros**) ven

6. (**yo / él**) leo
7. (**usted / tú**) escribes
8. (**nosotras / ellos**) comprendemos
9. (**usted / yo**) comparto
10. (**usted / ustedes**) ve

Present tense of -er and -ir verbs (continued)

C. Complete each sentence by writing the correct **-er** verb ending for each word.

1. Yo beb_____ agua.

2. Nosotras corr_____.

3. Ella comprend_____ todo.

4. Tú le_____ una revista.

5. Ustedes com_____.

6. Nosotros le_____ unos libros.

D. Now, complete each sentence by writing the correct **-ir** verb ending.

1. Tú escrib_____ una carta.

2. Él compart_____ la comida.

3. Ellas escrib_____ cuentos.

4. Nosotros escrib_____ poemas.

5. Yo compart_____.

6. Nosotras compart_____.

E. Complete each sentence with the correct verb form of the infinitive in parentheses. Follow the models.

Modelo   Tú (escribir) _____escribes_____ .

Ella (comer)_____come_____ .

1. Yo (leer) _____.

2. Ella (escribir) _____.

3. Nosotros (ver) _____.

4. Tú (compartir) _____.

5. Nosotros (escribir) _____.

6. Ellos (beber) _____.

7. Usted (compartir) _____.

8. Ellas (leer) _____.

F. Now, write complete sentences using the words provided. Follow the model.

Modelo   tú / ver / la / tele

Tú ves la tele.

1. yo / leer / una / revista

_____.

2. tú / compartir / el / cuarto

_____.

3. ellos / beber / té / helado

_____.

4. nosotros / comer / papas fritas

_____.

5. ella / escribir / una / carta

_____.

6. nosotros / compartir / la / comida

_____.

7. usted / correr / 10 kilómetros

_____.

8. ustedes / escribir / cuentos

_____.

Go Online WEB CODE jcd-0303
PHSchool.com

Me gustan, me encantan (p. 135)

- To say you like one thing, use **me gusta** (*I like*) or **me encanta** (*I love*).
- To say you like more than one thing, use **me gustan** or **me encantan**.
- Put **no** in front of **me gusta** or **me gustan** to say you don't like one or more things:

    No me gusta el café. No me gustan los huevos.

One thing (singular)	More than one thing (plural)
Me **gusta la leche.**	Me **gustan las manzanas.**
Me **encanta el té.**	Me **encantan los jugos.**

A. Look at each noun. Write **S** if the noun is singular. Write **P** if it is plural.

1. _____ el cereal

2. _____ el tocino

3. _____ los huevos

4. _____ las manzanas

5. _____ las salchichas

6. _____ las papas

7. _____ el pan

8. _____ la pizza

B. Now, look at sentences using the same nouns from **part A**. Complete the verbs by writing **a** for the singular nouns and **an** for the plural nouns. Follow the models.

Modelos Me encant *a* ___ el café.

Me encant *an* ___ las fresas.

1. Me gust_____ el cereal.

2. Me gust_____ el tocino.

3. Me encant_____ los huevos.

4. Me gust_____ las manzanas.

5. Me encant_____ las salchichas.

6. Me gust_____ las papas.

7. Me encant_____ el pan.

8. Me gust_____ la pizza.

C. Complete the following exchanges by circling the correct word in parenthesis.

1. ELENA: ¿Te (**gusta** / **gustan**) el helado?

    ENRIQUE: ¡Sí! Me (**encanta** / **encantan**) el helado.

2. BERTA: No me (**gusta** / **gustan**) las fresas.

    ANA: ¿No? ¡Me (**encanta** / **encantan**) las fresas!

3. JOSÉ: Me (**encanta** / **encantan**) la pizza.

    LUIS: ¿Sí? A mí no. ¡Pero me (**encanta** / **encantan**) las hamburguesas!

Me gustan, me encantan (continued)

D. Complete the following sentences by writing **encanta** or **encantan**.

1. Me _____ el queso.

2. Me _____ los plátanos.

3. Me _____ los jugos.

4. Me _____ el pan.

5. Me _____ el yogur.

6. Me _____ las galletas.

E. Complete the following sentences by writing **gusta** or **gustan**.

1. ¿Te _____ las sopas?

2. No me _____ el queso.

3. No me _____ la leche.

4. No me _____ el tocino.

5. ¿Te _____ las naranjas?

6. ¿Te _____ las papas fritas?

F. Choose words from the list to complete each sentence about what you like or don't like.

el cereal	el desayuno	los huevos	las salchichas	el yogur
las hamburguesas	el jamón	el queso	el café	el té
los perritos calientes	la sopa de verduras	la pizza	las galletas	el jamón

1. Me gusta _____.

2. No me gusta _____.

3. Me gustan _____.

4. No me gustan _____.

5. ¡Me encanta _____!

6. ¡Me encantan _____!

G. Look at each drawing. Then write a sentence to say whether you like it or not. Follow the models.

Modelos *Me gustan los huevos* . OR *No me gustan los huevos* .

 Me gusta la pizza . OR *No me gusta la pizza* .

1. _____

2. _____

3. _____

4. _____

Go Online WEB CODE jcd-0304
PHSchool.com

Lectura: Frutas y verduras de las Américas (pp. 138–139)

A. As you can see by its title, the reading in your textbook is about fruits and vegetables. Think about some fruits and vegetables that you eat. Write the names (in English) of three fruits and three vegetables in the spaces below.

FRUITS   **VEGETABLES**

_____   _____

_____   _____

_____   _____

B. Below are some Spanish words from the reading, categorized by whether they are a fruit or a vegetable. Choose the English word from the bank that you think is the best meaning for each example and write it in the blank.

potato   beans   corn   pineapple   avocado   papaya

Frutas: **Verduras:**

1. papaya _____   **4.** papa _____

2. piña _____   **5.** frijoles _____

3. aguacate _____   **6.** maíz _____

C. On the first page of the reading you see pictures of an avocado, a mango, and a papaya. Read the information below about each fruit and answer the questions that follow.

Aguacate:
- La pulpa es fuente de energía y proteínas.
- Tiene vitaminas A y B.

Mango:
- Es originalmente de Asia.
- Tiene calcio y vitaminas A y C.

Papaya:
- Contiene mucha agua.
- Tiene más vitamina C que la naranja.

1. Which fruits have vitamin A? _____   _____

2. Which fruits have vitamin C? _____   _____

3. Which fruit is not originally from the Americas? _____

D. Look at the recipe for a **Licuado de plátano** on the second page of the reading in your textbook. If the following statements are true, circle **C** for **cierto** (*true*); if they are false, circle **F** for **falso** (*false*).

1. C F   The **licuado** is a hot beverage.   **4.** C F   The blender is called a **licuadora**.

2. C F   A **plátano** is a banana.   **5.** C F   You should blend the ingredients for 2 minutes.

3. C F   Milk is used in the recipe.

Presentación oral (p. 141)

Task: You and a partner will role-play a telephone conversation in Spanish between an American exchange student and a host student in Uruguay. You will each take one of the two roles and gather information about the other person.

A. You will role-play this conversation with a partner. Your role will be that of the host student. Here's how to prepare:

On a separate sheet of paper, make a list of two questions in Spanish that you might ask the exchange student. Find out:

(a) what his or her favorite activities are
(b) what he or she likes to eat and drink for breakfast (or lunch)

B. Revise your work.

1. Work with your partner to coordinate answers and to come up with a greeting and a farewell for your conversation. Here is a way to begin:

   HOST STUDENT: ¡Hola, Pablo! Soy Rosa.

   EXCHANGE STUDENT: ¡Hola, Rosa! ¿Cómo estás?

   HOST STUDENT: Bien, gracias.

2. Now, work on completing the conversation. Use filler words that you have learned and the information you have collected from **part A**. See below for a model.

   HOST STUDENT: Pues Pablo, ¿te gusta ir a la escuela?

   EXCHANGE STUDENT: Sí, me gusta mucho. Me gusta dibujar y escribir cuentos. ¿Y tú? ¿Qué te gusta hacer en la escuela?

   HOST STUDENT: A mí también me gusta ir a la escuela. Me gusta mucho correr y practicar deportes, pero no me gusta estudiar mucho. Me gusta más la hora de almuerzo. ¿Qué te gusta comer en el almuerzo?

   EXCHANGE STUDENT: Yo como un sándwich de jamón y queso o una hamburguesa. ¿Y tú?

   HOST STUDENT: A mí me encantan las ensaladas. No me gusta nada la carne. ¿Qué te gusta beber?

   EXCHANGE STUDENT: Yo bebo los refrescos todos los días. ¿Qué bebes tú?

   HOST STUDENT: A mí me gustan los jugos de frutas o bebo agua.

3. Finally, work on your ending. Look again at the **Para empezar** chapter in your textbook to get ideas for how to say good-bye. Below is a sample of how to end the conversation modeled above.

   EXCHANGE STUDENT: Bien, pues, ¡Hasta luego!

   HOST STUDENT: ¡Nos vemos!

C. You will be asked to present your conversation with your partner. The host student will go first. Listen to what your partner says and continue the conversation appropriately.

Realidades ❶

Capítulo 3B

Nombre _____

Hora _____

Fecha _____

Vocabulary Practice, Sheet 1

Write the Spanish vocabulary word below each picture. If there is a word or phrase, copy it in the space provided. Be sure to include the article for each noun.

la carne

los cereales

las grasas

Realidades ❶

Capítulo 3B

Nombre _____

Hora _____

Fecha _____

Vocabulary Practice, Sheet 2

_____

_____

_____

_____

_____

_____

_____

_____

_____

Realidades 1

Capítulo 3B

Nombre _____

Fecha _____

Hora _____

Vocabulary Practice, Sheet 3

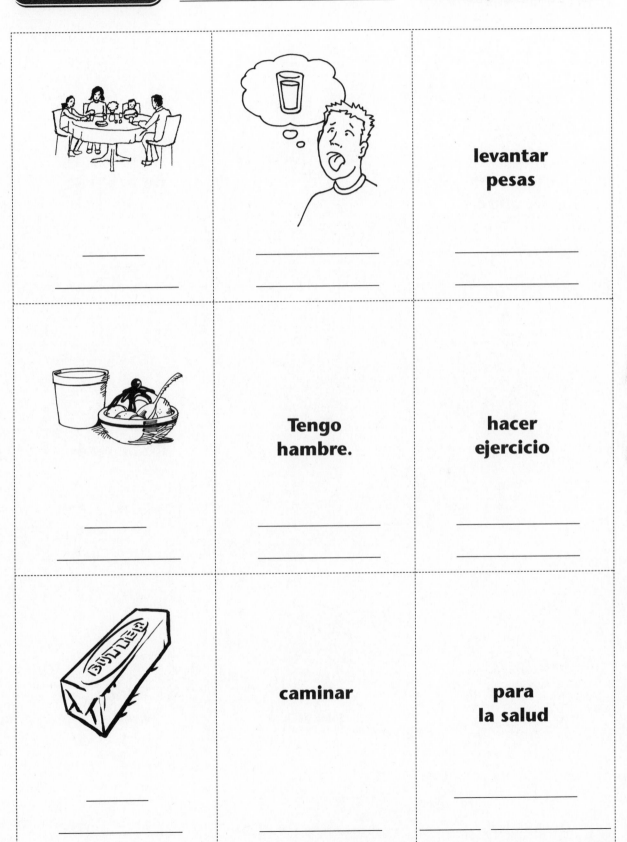

levantar pesas

_____

_____

Tengo hambre.

hacer ejercicio

_____

_____

caminar

para la salud

_____

_____

Realidades ❶

Capítulo 3B

Nombre _____

Hora _____

Fecha _____

Vocabulary Practice, Sheet 4

para mantener la salud	Creo que...	Estoy de acuerdo.
_____ _____ _____ _____	_____	_____ _____
prefiero	Creo que sí.	No estoy de acuerdo.
_____	_____ _____ _____	_____ _____ _____
deber	Creo que no.	cada día
_____	_____ _____ _____	_____ _____ _____

Realidades 1

Capítulo 3B

Nombre

Hora

Fecha

Vocabulary Practice, Sheet 5

¿Por qué?

_____

muchos,
muchas

_____,

_____

malo,
mala

_____,

_____

porque

_____

todos,
todas

_____,

_____

sabroso,
sabrosa

_____,

_____

algo

_____

horrible

_____

prefieres

_____

Realidades ①

Capítulo 3B

Nombre _____

Fecha _____

Hora _____

Vocabulary Practice, Sheet 6

hago	creer	ser
_____	_____	_____

haces	*cada día*	_____
_____	_____	_____

_____	_____	_____
_____	_____	_____

Nombre _____

Hora _____

Fecha _____

Vocabulary Check, Sheet 1

Tear out this page. Write the English words on the lines. Fold the paper along the dotted line to see the correct answers so you can check your work.

la cena _____

el bistec _____

la carne _____

el pescado _____

el pollo _____

la cebolla _____

los guisantes _____

las judías verdes _____

la lechuga _____

las papas _____

los tomates _____

las uvas _____

las zanahorias _____

el arroz _____

los cereales _____

los espaguetis _____

las grasas _____

la mantequilla _____

el helado _____

Fold In

Nombre _____

Hora _____

Fecha _____

Vocabulary Check, Sheet 2

Tear out this page. Write the Spanish words on the lines. Fold the paper along
the dotted line to see the correct answers so you can check your work.

dinner _____

beefsteak _____

meat _____

fish _____

chicken _____

onion _____

peas _____

green beans _____

lettuce _____

potatoes _____

tomatoes _____

grapes _____

carrots _____

rice _____

grains _____

spaghetti _____

fats _____

butter _____

ice cream _____

Fold In ←

Realidades ①

Capítulo 3B

Nombre _____

Fecha _____

Hora _____

Vocabulary Check, Sheet 3

Tear out this page. Write the English words on the lines. Fold the paper along the dotted line to see the correct answers so you can check your work.

los pasteles _____

las bebidas _____

caminar _____

hacer ejercicio _____

levantar pesas _____

para mantener
la salud _____
_____

algo _____

muchos,
muchas _____

malo, mala _____

sabroso,
sabrosa _____
_____

todos,
todas _____

Fold In

Realidades 1

Capítulo 3B

Nombre _____

Fecha _____

Hora _____

Vocabulary Check, Sheet 4

Tear out this page. Write the Spanish words on the lines. Fold the paper along the dotted line to see the correct answers so you can check your work.

pastries _____

beverages _____

to walk _____

to exercise _____

to lift weights _____

to maintain
one's health _____
_____

something _____

many _____
_____

bad _____

tasty,
flavorful _____
_____

all _____

Fold In ←

To hear a complete list of the vocabulary for this chapter, go to Disc 1, Track 7 on the Guided Practice Audio CD, or go to www.phschool.com and type in the Web Code jcd-0399. Then click on **Repaso del capítulo.**

Realidades 1

Capítulo 3B

Nombre

Fecha

Hora

Guided Practice Activities 3B-1

The plurals of adjectives (p. 156)

- Adjectives, just like definite articles, must match the noun they accompany. Singular adjectives go with singular nouns, and plural adjectives go with plural nouns.

- Adjectives that end in **-o** or **-a** must also match the noun. Masculine (**-o**) adjectives go with masculine nouns and feminine (**-a**) adjectives go with feminine nouns.

- Adjectives that end in **-e** do not change to match masculine or feminine nouns. They still change to match singular and plural nouns: **el libro interesante, las clases interesantes.**

	Definite article	Noun	Adjective
masculine singular	**el**	pan	sabros**o**
feminine singular	**la**	sopa	sabros**a**
masculine plural	**los**	jamones	sabros**os**
feminine plural	**las**	galletas	sabros**as**

A. Look at each noun. Write **M** if it is masculine or **F** if it is feminine.

1. _____ pan
2. _____ sopas
3. _____ yogur
4. _____ salchichas
5. _____ pizza

6. _____ jamón
7. _____ huevos
8. _____ quesos
9. _____ galletas
10. _____ hamburguesa

B. Now, go back to **part A**. Next to the **M** or **F** you wrote next to each noun, write **S** if the noun is singular and **P** if it is plural.

C. Here are the nouns from **part A**. Now there are adjectives with them. Circle the correct adjective form for each noun.

1. pan (**sabroso / sabrosos**)
2. sopas (**sabrosos / sabrosas**)
3. yogur (**sabrosos / sabroso**)
4. salchichas (**sabrosas / sabrosa**)
5. pizza (**sabrosos / sabrosa**)

6. jamón (**sabroso / sabrosa**)
7. huevos (**sabrosa / sabrosos**)
8. quesos (**sabrosos / sabrosas**)
9. galletas (**sabrosa / sabrosas**)
10. hamburguesas (**sabrosos / sabrosas**)

Realidades ①

Capítulo 3B

Nombre _____

Fecha _____

Hora _____

Guided Practice Activities 3B-2

The plurals of adjectives (*continued*)

D. Fill in the missing singular or plural form of each masculine adjective in the chart.

Masculine	
singular	plural
divertido	
simpático	
	atrevidos
	serios
artístico	

E. Now, fill in the missing singular or plural form of each feminine adjective in the chart.

Feminine	
singular	plural
	divertidas
simpática	
	atrevidas
seria	
	artísticas

F. Choose an adjective from the group of words. Write its correct form in the space provided.

serio	seria	serios	serias
atrevido	atrevida	atrevidos	atrevidas
artístico	artística	artísticos	artísticas

1. Laura y Elena estudian mucho. Son _____.

2. Sandra monta en monopatín. Es _____.

3. Mario dibuja. Es _____.

4. Tomás y Beatriz trabajan mucho. Son _____.

5. Lorenzo y Fernando esquían. Son _____.

Go Online WEB CODE jcd-0313
PHSchool.com

The verb *ser* (p. 158)

- You have already learned and used some forms of the verb **ser**, which means *to be*:
  Yo soy serio. Tú eres simpática. Ella es artística.
- **Ser** is an irregular verb. You will need to memorize its forms.

yo	**soy**	nosotros/nosotras	**somos**
tú	**eres**	vosotros/vosotras	**sois**
usted/él/ella	**es**	ustedes/ellos/ellas	**son**

A. Choose the correct subject pronoun for each form of **ser** and circle it.

1. (**yo / él**) es

2. (**ustedes / ella**) son

3. (**tú / ella**) eres

4. (**ella / yo**) es

5. (**usted / tú**) es

6. (**nosotros / ellas**) son

7. (**ellos / nosotros**) somos

8. (**yo / él**) soy

B. Now, write the correct form of **ser** next to each subject pronoun.

1. tú _____

2. usted _____

3. ellos _____

4. él _____

5. ellas _____

6. nosotras _____

7. yo _____

8. ustedes _____

C. Complete the exchanges by writing in the correct form of **ser**.

1. VERA: Yo _____ estudiante. ¿Y tú?

   GONZALO: Yo _____ estudiante también.

2. PABLO: Tú _____ muy deportista, ¿no?

   ENRIQUE: Sí, pero yo también _____ muy estudioso.

3. INÉS: Susana y Olivia _____ muy divertidas.

   MARCOS: Sí. Olivia _____ muy simpática también.

4. PACO Y LUIS: Nosotros _____ perezosos. No estudiamos mucho.

   ANA: Bueno, yo _____ muy trabajadora. Me gusta estudiar.

The verb *ser* (*continued*)

D. Look at each drawing. Complete the question with a form of **ser**. Follow the model.

Modelo

¿Cómo _____*es*_____ él?

1. ¿Cómo _____ él?

2. ¿Cómo _____ tú?

3. ¿Cómo _____ ellas?

4. ¿Cómo _____ nosotras?

5. ¿Cómo _____ yo?

E. Now, complete each sentence with the correct form of **ser** and the correct adjective ending. Refer back to the art in **part D**. Follow the model.

Modelo Él _____*es*_____ simpátic**o**____.

1. Él _____ artístic_____.

2. Tú _____ perezos_____.

3. Ellas _____ estudios_____.

4. Nosotras _____ inteligente_____.

5. Yo _____ atrevid_____.

Go Online WEB CODE jcd-0314
PHSchool.com

Lectura: La comida de los atletas (pp. 162–163)

> Skimming is a useful technique to help you get through a reading. You think of general information that you are looking for. Then you quickly read the words to find it.

A. List three things you would expect to find in an article about an athlete's eating habits.

1. _____
2. _____
3. _____

B. Skim the article and check off the things in your list from **part A** that you find.

C. Note that the pie chart in your textbook shows how much of an athlete's diet can be divided into three categories. Next to each category below, write the English translation of the word. Then fill in the percentage number according to the pie chart.

	English	Number
1. carbohidratos	_____	_____ %
2. proteínas	_____	_____ %
3. grasas	_____	_____ %

D. The reading in your textbook gives a picture and a short description of what foods are good for each big meal of the day. Next to each food given below circle whether the reading says it is best for **D (desayuno)**, **A (almuerzo)**, or **C (cena)**.

1. D A C   pan con mantequilla   4. D A C   papas

2. D A C   pasta   5. D A C   jalea

3. D A C   yogur

E. Read the selection below and answer the questions that follow.

> *La noche antes del partido, el jugador bebe un litro de jugo de naranja, y durante el partido bebe hasta dos litros de agua y bebidas deportivas.*

1. Circle the three kinds of drinks mentioned in the reading.

2. What is a *litro* in English? _____

3. When does the player drink a *litro* of orange juice? _____

Presentación escrita (p. 165)

Task: You will make a poster in Spanish with three suggestions for better health. You will need to research what are proven good eating and exercise habits.

❶ Prewrite. Talk to classmates, teachers, the school nurse, or your parents about good eating and exercise habits, especially for teens. Then list their ideas under the following headings to help you organize your information:

- Debes comer _____.

- No debes comer mucho(a) _____.

- Debes beber _____.

- No debes beber mucho(a) _____.

- Debes _____ para mantener la salud.

❷ Draft. Create your first draft on a separate sheet of paper. (You do not need to use posterboard for this draft.) List your ideas from the prewrite stage. Organize them in a neat or artistic way. Sketch out the visuals you want to include on the poster.

❸ Revise.

A. Someone else will check your work for the following:

_____ Have you communicated the three suggestions well?

_____ Do the visuals help with the meaning?

_____ Will the visuals make the poster attractive?

_____ Are all words spelled correctly?

_____ Are grammar and vocabulary used correctly?

B. Rewrite your poster using the person's suggestions.

❹ Publish. Your final draft will be on some sort of posterboard. You will want to carefully add any illustrations and designs you had sketched out in an earlier stage.

❺ Evaluate. Your teacher will tell you how your poster will be graded. Your teacher will check:

- your completion of the task
- the accuracy of your vocabulary and grammar
- your effective use of visuals

Realidades 1

Capítulo 4A

Nombre _____

Fecha _____

Hora _____

Vocabulary Flash Cards, Sheet 1

Write the Spanish vocabulary word below each picture. If there is a word or phrase, copy it in the space provided. Be sure to include the article for each noun.

Nombre _____   Hora _____

Fecha _____   **Vocabulary Flash Cards, Sheet 2**

_____ _____

_____

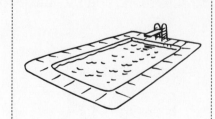

_____

_____

**la
mezquita**

_____

_____

_____

_____

_____

_____

**la
sinagoga**

_____

_____

_____

_____

_____

_____

**el
templo**

_____

_____

la casa
_____
_____

Me quedo en casa.
___ ___ ___
_____

¿Adónde?

_____

en casa
_____
_____

a

_____

a casa
_____
_____

el restaurante
_____
_____

a la, al

_____ ,
_____

¿Con quién?
_____
_____

Realidades 1

Capítulo 4A

Nombre _____

Hora _____

Fecha _____

Vocabulary Flash Cards, Sheet 4

con mis amigos

_____ _____

_____

¿Cuándo?

_____

los fines de semana

_____ _____

_____

con mis/tus amigos

_____ _____

_____

después

_____

los lunes, los martes...

_____

_____

solo, sola

_____ ,

_____

después de

_____

tiempo libre

_____

Realidades **1**

Capítulo 4A

Nombre _____

Hora _____

Fecha _____

Vocabulary Flash Cards, Sheet 5

de

_____

¡No me
digas!

_____ _____

_____

¿De dónde
eres?

_____ _____

_____

para

_____

_____

_____

generalmente

_____

_____

_____

_____ \
_____

_____ \
_____

_____ \
_____

_____ \
_____

_____ \
_____

_____ \
_____

_____ \
_____

_____ \
_____

_____ \
_____

Tear out this page. Write the English words on the lines. Fold the paper along the dotted line to see the correct answers so you can check your work.

ir de compras _____

ver una película _____

la lección de piano _____

la biblioteca _____

el café _____

el campo _____

en casa _____

el centro comercial _____

el cine _____

el gimnasio _____

la iglesia _____

la mezquita _____

las montañas _____

el parque _____

la piscina _____

la playa _____

el restaurante _____

Fold In

Realidades 1

Capítulo 4A

Nombre _____

Hora _____

Fecha _____

Vocabulary Check, Sheet 2

Tear out this page. Write the Spanish words on the lines. Fold the paper along the dotted line to see the correct answers so you can check your work.

to go shopping _____

to see a movie _____

_____

piano lesson _____
(class) _____

library _____

café _____

countryside _____

at home _____

mall _____

_____

movie theater _____

gym _____

church _____

mosque _____

mountains _____

park _____

swimming pool _____

beach _____

restaurant _____

Fold In

Realidades 1

Capítulo 4A

Nombre

Hora

Fecha

Vocabulary Check, Sheet 3

Tear out this page. Write the English words on the lines. Fold the paper along the dotted line to see the correct answers so you can check your work.

la sinagoga _____

el templo _____

_____

el trabajo _____

solo, sola _____

¿Cuándo? _____

después _____

después (de) _____

los fines de semana _____

los lunes, los martes... _____

_____

tiempo libre _____

Fold In

Realidades ❶

Capítulo 4A

Nombre _____

Hora _____

Fecha _____

Vocabulary Check, Sheet 4

Tear out this page. Write the Spanish words on the lines. Fold the paper along the dotted line to see the correct answers so you can check your work.

synagogue _____

temple,
Protestant church _____

work, job _____

alone _____

When? _____

afterwards _____

after _____

on weekends _____

_____

on Mondays,
on Tuesdays . . . _____

_____

free time _____

To hear a complete list of the vocabulary for this chapter, go to Disc 1, Track 8 on the Guided Practice Audio CD, or go to www.phschool.com and type in the Web Code jcd-0489. Then click on **Repaso del capítulo.**

Fold In

Realidades ①

Capítulo 4A

Nombre _____

Fecha _____

Hora _____

Guided Practice Activities 4A-1

The verb *ir* (p. 180)

- The verb **ir** means "to go." It is irregular. Here are its forms.

yo	**voy**	nosotros/nosotras	**vamos**
tú	**vas**	vosotros/vosotras	**vais**
usted/él/ella	**va**	ustedes/ellos/ellas	**van**

- **¡Vamos!** means "Let's go!"

A. Choose the correct subject pronoun for each form of **ir** and circle it.

1. (tú / **él**) va
2. (**yo** / usted) voy
3. (ellas / **nosotras**) vamos
4. (**usted** / ustedes) va
5. (ustedes / **él**) van
6. (**tú** / **yo**) vas
7. (**ellos** / ella) van
8. (yo / **ella**) va

B. Now, write the correct form of **ir** next to each subject pronoun.

1. ella ___va___
2. ustedes ___van___
3. yo ___voy___
4. nosotros ___vamos___
5. tú ___vas___
6. él ___va___
7. ellos ___van___
8. usted ___va___

C. Complete each sentence by writing in the correct form of **ir**.

1. Yo ___voy___ al cine para ver una película.
2. Ellas ___van___ al parque para correr.
3. Nosotros ___vamos___ al gimnasio para levantar pesas.
4. Tú ___vas___ al restaurante para comer.
5. Ella ___va___ a la piscina para nadar.

Realidades ①

Capítulo 4A

Nombre _____

Hora _____

Fecha _____

Guided Practice Activities 4A-2

The verb *ir* (*continued*)

- When **ir** + **a** is followed by the definite article **el**, **a** + **el** combines to form **al**:

  (vamos *a*) + (*el* parque) = Vamos *al* parque.

D. Complete each sentence by writing a form of **ir** + **al** or **a la**. Remember to use **al** when the noun after the write-on line is masculine. Use **a la** when the noun is feminine. Follow the models.

Modelos   Ellos _____*van al*_____ parque.

Ellos _____*van a la*_____ oficina.

1. Silvia _____ casa.

2. Cristina y María _____ café.

3. Tú _____ playa.

4. Nosotros _____ parque.

5. Usted _____ campo.

6. Yo _____ piscina.

- To ask where someone is going, use **¿Adónde?** as in: **¿Adónde vas?**
- To answer, use forms of **ir** + **a** as in: **Voy a la oficina.**

E. Complete the following exchanges by finishing the second sentence with a form of **ir** and the place indicated. Follow the model.

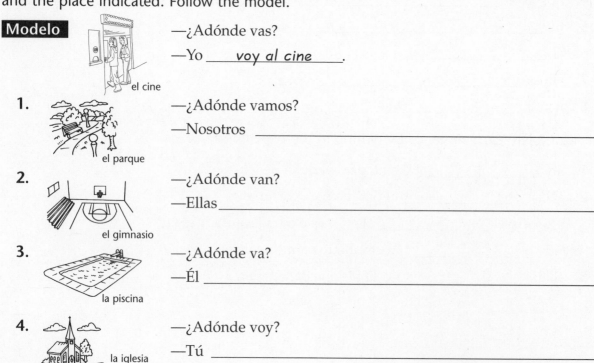

Modelo
el cine

—¿Adónde vas?

—Yo ____*voy al cine*____.

1. el parque

—¿Adónde vamos?

—Nosotros _____.

2. el gimnasio

—¿Adónde van?

—Ellas _____.

3. la piscina

—¿Adónde va?

—Él _____.

4. la iglesia

—¿Adónde voy?

—Tú _____.

Go Online WEB CODE jcd-0403
PHSchool.com

Realidades ①

Capítulo 4A

Nombre _____

Fecha _____

Hora _____

Guided Practice Activities 4A-3

Asking questions (p. 184)

- Interrogatives are words that you use to ask questions. Here are some Spanish interrogatives.

Categories	Interrogatives		
People	¿Quién?	¿Con quién?	
Location	¿Dónde?	¿Adónde?	¿De dónde?
Things or actions	¿Qué?	¿Cuál?	¿Cuántos? / ¿Cuántas?
Reason	¿Por qué?		
Time	¿Cuándo?		
Description (how)	¿Cómo?		

- You can change a statement into a question by raising your voice at the end:

  ¿Margarita va a la biblioteca? In this case, you do not use an interrogative.

- These kinds of questions expect the answer will be *yes* or *no*. You can add **¿verdad?** (*right?*) to the end to emphasize this: **Margarita va a la biblioteca, ¿verdad?**

A. Each drawing or group of drawings represents a question category in the chart above. Write the interrogatives that go with each group. Follow the model.

Modelo

——— 8:52 ——— ¿ _Cuándo_ ?

1.

Donde ¿

_____

2.

Quién

_____

3.

Que

_____

_____

_____

Realidades **1**

Capítulo 4A

Nombre _____

Fecha _____

Hora _____

Guided Practice Activities 4A-4

Asking questions (*continued*)

- In Spanish questions with interrogatives, the verb comes before the subject: **¿Adónde va Margarita?**

B. Look at the following groups of exchanges. Write in the correct interrogative to complete each exchange. Use the interrogatives listed for each group.

Location: *¿Dónde? ¿Adónde?*

1. —¿_Adonde_____ van Natalia y Roberto?
   —Van a la biblioteca para estudiar.

2. —¿_Donde_____ levantas pesas?
   — Levanto pesas en el gimnasio.

People: *¿Quién? ¿Con quién?*

3. —¿_Con quién_____ hablas mucho por teléfono?
   —Hablo mucho con mi amiga Tina. Ella es muy divertida.

4. —¿_Quién_____ es su profesor de español?
   — Es la señora Oliveros. Es muy inteligente.

Things: *¿Qué? ¿Cuántos?*

5. —¿_Cuantos_____ libros hay en la biblioteca?
   —¡Hay muchos!

6. —¿_que_____ comes para el desayuno?
   —Como pan tostado y tocino.

Reason and Description: *¿Por qué? ¿Cómo?*

7. —¿_por que_____ estudias tanto?
   — Soy muy trabajadora y me gusta leer.

8. —¿_Como_____ es la clase de matemáticas?
   — Es interesante, pero difícil.

Go Online WEB CODE jcd-0404
PHSchool.com

Realidades ❶

Capítulo 4A

Nombre _____

Hora _____

Fecha _____

Guided Practice Activities 4A-5

Asking questions (*continued*)

C. Look at each group of phrases. Put them in order to form a question by numbering each group 1, 2, or 3. Then write them in order on the write-on line below. Follow the model. You can also look at the questions in **part B** for examples.

Modelo	Paulina / adónde / va
	3 1 2

¿ _Adónde va Paulina_ ?

1. es / el profesor de español / quién

    2   3   1

¿ quién es el profesor de español?

2. sillas / hay / cuántas

    3   2   1

¿ cuantas sillas hay?

3. Luisa / adónde / va

¿ adónde va luisa?

4. cómo / ella / es

¿ como es ella?

5. corren / dónde / ellos

¿ dónde corren ellos?

6. con quién / habla / Margarita

¿ con quién habla Margarita?

el profesor de español es Snr. Hache

hay mil sillas.   ella es grande.

                                   ellos

luisa va al cine.

Realidades ①

Capítulo 4A

Nombre _____

Fecha _____

Hora _____

Guided Practice Activities 4A-6

Lectura: Al centro comercial (pp. 188–189)

A. List four events that you think would take place at a special-event week in a shopping center near you.

1. _____

2. _____

3. _____

4. _____

B. According to the reading in your book, what are the dates for the event week at the Plaza del Sol? Write the answers in English below, next to the days of the week you are given.

Monday, _____

Tuesday, _____

Wednesday, _____

Thursday, _____

Friday, _____

Saturday, _____

Sunday, _____

C. Look at the word bank below. Choose which expression in English best matches with the words you are given and write it in the spaces provided.

Andean music	Yoga class	Evening of jazz
Evening of tango	Photography show	Yoga performance

1. Música andina _____

2. Clase de yoga _____

3. Noche de jazz _____

4. Exposición de fotografía _____

5. Exhibición de yoga _____

6. Noche de tango _____

D. Read the description of Andean music and answer the questions that follow.

|| *El grupo Sol Andino toca música andina fusionada con bossa nova y jazz el lunes a las 8.00 P.M. Abierto al público.* ||

1. Circle the name of the group in the paragraph above.

2. What does this group fuse with its brand of Andean music?

_____ and _____

3. Can the public attend this show? _____

Go Online WEB CODE jcd-0405
PHSchool.com

Lectura: Al centro comercial (*continued*)

E. Read the description of the yoga class and answer the questions that follow.

> *La práctica de yoga es todos los martes desde las 7.00 hasta las 9.00 P.M. La instructora Lucía Gómez Paloma enseña los secretos de esta disciplina. Inscríbase al teléfono 224-24-16. Vacantes limitadas.*

1. How long does the yoga class last? _____

2. What does the sequence of numbers 224-24-16 stand for? _____

3. Can anyone attend this class? _____

   Why or why not? _____

F. After looking through the readings in your textbook, you know that four events are

Música andina   Clase de yoga   Sábado flamenco   Clase de repostería

explained in detail. These events are listed below. You must choose which event goes with the descriptions you are given. Write the name of the event in the space provided.

1. _____ instructora Lucía Gómez Paloma
2. _____ guitarrista Ernesto Hermoza
3. _____ grupo Sol Andino
4. _____ la Repostería Ideal
5. _____ maestro Rudolfo Torres
6. _____ es el sábado a las 8.00 P.M.

Presentación oral (p. 191)

Task: You and a partner will play the roles of a new student and a student who has been at school for awhile. This student must find out about the new student.

A. You will need to prepare the role of the student who has been at the school for awhile. On a separate sheet of paper, make a list of four questions you have for the new student. Then, think of a greeting to introduce yourself.

> First question: Find out where the new student is from.
>
> Second question: Find out what activities the new student likes to do.
>
> Third question: Find out on what days of the week the student likes to do things.
>
> Fourth question: Find out with whom the new student does these activities.

B. You will need to practice your conversation.

1. First, work on the greeting. See below for a model.

EXPERIENCED STUDENT:	¡Hola, amigo! Soy Ana María. ¿Cómo te llamas?
NEW STUDENT:	Me llamo Miguel Ángel.

2. Now, you will need to put together your questions and answers in a conversation. Use the following as a model:

EXPERIENCED STUDENT:	¿De dónde eres, Miguel Ángel?
NEW STUDENT:	Soy de Barranquilla, Colombia.
EXPERIENCED STUDENT:	Bien. ¿Qué te gusta hacer en tu tiempo libre?
NEW STUDENT:	Me gusta ir al campo, nadar en el mar y caminar en las montañas.
EXPERIENCED STUDENT:	A mí también me gusta ir al campo. ¿Cuándo vas tú al campo?
NEW STUDENT:	Voy al campo los fines de semana. Me gusta caminar cuando estoy de vacaciones.
EXPERIENCED STUDENT:	¿Y con quién vas al campo o a las montañas?
NEW STUDENT:	Voy con mi familia.

3. Now work on a closing. Use the following as a model:

EXPERIENCED STUDENT:	¡Bueno, hasta luego Miguel Ángel!
NEW STUDENT:	¡Nos vemos, Ana María!

C. You will need to present your conversation. Make sure you do the following in your presentation:

_____ provide and obtain all the necessary information

_____ have no breaks in the conversation

_____ speak clearly

Realidades ①

Capítulo 4B

Nombre _____

Fecha _____

Hora _____

Vocabulary Practice, Sheet 1

Write the Spanish vocabulary word below each picture. If there is a word or phrase, copy it in the space provided. Be sure to include the article for each noun.

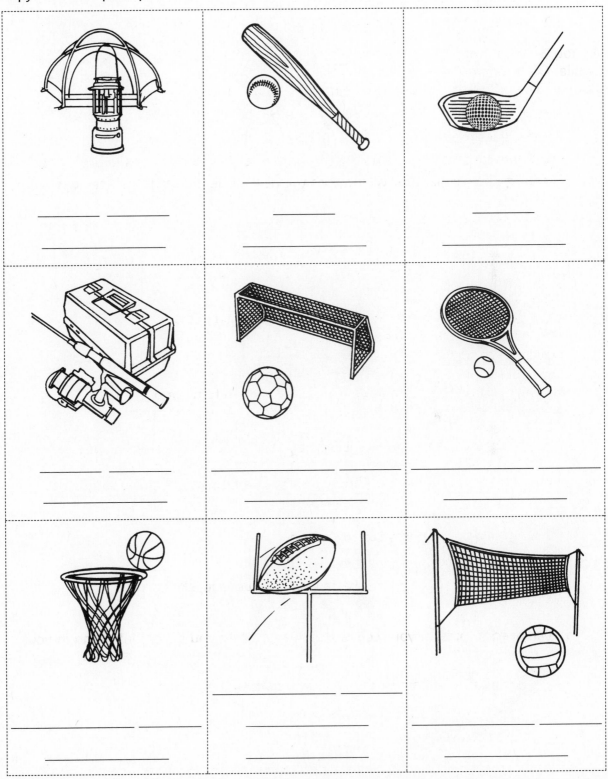

Realidades ❶

Capítulo 4B

Nombre _____

Hora _____

Fecha _____

Vocabulary Practice, Sheet 2

_____

_____

_____

_____,

_____

_____

_____

_____,

(yo) sé

_____ _____

_____

_____

(tú) sabes

_____

Realidades 1

Capítulo 4B

Nombre _____

Hora _____

Fecha _____

Vocabulary Practice, Sheet 3

contento, contenta _____ , _____	**¿A qué hora?** _____ _____ _____	**de la mañana** _____ _____ _____
enfermo, enferma _____ , _____	**a la una** _____ _____ _____	**de la noche** _____ _____ _____
mal _____	**a las ocho** _____ _____ _____	**de la tarde** _____ _____ _____

Nombre _____

Hora _____

Fecha _____

Vocabulary Practice, Sheet 4

este fin de semana _____ _____ _____ _____	**conmigo** _____	**¡Ay! ¡Qué pena!** _____ _____ _____
esta noche _____ _____	**contigo** _____	**¡Genial!** _____
esta tarde _____ _____	**(yo) puedo** _____	**¡Qué buena idea!** _____ _____ _____

¡Oye! _____	**¿Te gustaría?** _____	**demasiado** _____
lo siento _____ _____	**me gustaría** _____	**entonces** _____
(yo) quiero _____ _____	**Tengo que...** _____ _____	**un poco (de)** _____ _____ _____ _____

Realidades 1

Capítulo 4B

Nombre _____

Hora _____

Fecha _____

Vocabulary Practice, Sheet 6

**(tú)
puedes**

_____

_____

**(tú)
quieres**

_____

_____

**ir a +
*infinitive***

_____

_____

_____

_____

_____

_____

_____

_____

_____

_____

_____

_____

_____

_____

_____

_____

_____

_____

Realidades ①

Capítulo 4B

Nombre _____

Hora _____

Fecha _____

Vocabulary Check, Sheet 1

Tear out this page. Write the English words on the lines. Fold the paper along the dotted line to see the correct answers so you can check your work.

el baile _____ *dance* _____

el concierto _____ *concert* _____

la fiesta _____ *party* _____

el partido _____ *game, match* _____

ir de cámping _____ *to go camping* _____

ir de pesca _____ *to go fishing* _____

jugar al básquetbol _____ *to play basketball* _____

jugar al béisbol _____ *to play baseball* _____

jugar al fútbol _____ *to play soccer* _____

jugar al fútbol americano _____ *to play football* _____

jugar al golf _____ *to play golf* _____

jugar al tenis _____ *to play tennis* _____

jugar al vóleibol _____ *to play volleyball* _____

cansado, cansada _____ *tired* _____

contento, contenta _____ *happy* _____

Fold In →

Tear out this page. Write the Spanish words on the lines. Fold the paper along the dotted line to see the correct answers so you can check your work.

dance _____

concert _____

party _____

game, match _____

to go camping _____

to go fishing _____

to play
basketball _____
_____

to play baseball _____

to play soccer _____

to play football _____
_____

to play golf _____

to play tennis _____

to play
volleyball _____
_____

tired _____
_____

happy _____
_____

Fold In →

Realidades

Capítulo 4B

Nombre _____

Fecha _____

Hora _____

Vocabulary Check, Sheet 3

Tear out this page. Write the English words on the lines. Fold the paper along the dotted line to see the correct answers so you can check your work.

enfermo,
enferma
Sick

ocupado,
ocupada
busy

triste
Sad

a la una
at one

de la mañana
In the morning

de la noche
in the evening

de la tarde
in afternoon

este fin de
semana
this weekend

esta noche
this evening

esta tarde
this afternoon

¡Ay! ¡Qué pena!
Oh what a shame

¡Genial!
Great

lo siento
I'm sorry

¡Qué buena idea!
What a good idea

Fold In

Guided Practice Activities — *Vocabulary Check 4B* **141**

Realidades ❶

Capítulo 4B

Nombre _____

Hora _____

Fecha _____

Vocabulary Check, Sheet 4

Tear out this page. Write the Spanish words on the lines. Fold the paper along the dotted line to see the correct answers so you can check your work.

sick _____

_____

busy _____

_____

sad _____

at one (o'clock) _____

in the morning _____

in the evening, _____
at night

in the afternoon _____

this weekend _____

_____

this evening _____

this afternoon _____

Oh! What a shame! _____

Great! _____

I'm sorry _____

What a good idea! _____

To hear a complete list of the vocabulary for this chapter, go to Disc 1, Track 9 on the Guided Practice Audio CD, or go to www.phschool.com and type in the Web Code jcd-0499. Then click on **Repaso del capítulo.**

Fold In

Ir + *a* + infinitive (p. 206)

- You have already learned to use the verb **ir** (*to go*). To review, here are its forms, which are irregular.

yo	**voy**	nosotros/nosotras	**vamos**
tú	**vas**	vosotros/vosotras	**vais**
usted/él/ella	**va**	ustedes/ellos/ellas	**van**

- As you have learned, the infinitive is the basic form of the verb (**hablar, comer, leer,** etc.). It is equivalent to "to . . ." in English: *to talk, to eat, to read.*
- When you use **ir** + **a** with an infinitive, it means you or others are *going to do something* in the future. It is the same as "I am going to . . ." in English: **Voy a leer el libro. Vamos a ver la película.**

A. Review by writing the correct form of **ir** next to each subject pronoun.

1. tú _vas_
2. ellos _van_
3. él _va_
4. usted _va_
5. ella _va_
6. yo _voy_
7. ustedes _van_
8. nosotras _vamos_

B. Now complete each sentence with the correct form of **ir**.

1. Marta y Rosa _van_ a estudiar esta tarde.
2. Yo _voy_ a jugar al tenis esta tarde.
3. Tú _va_ a montar en monopatín mañana.
4. Nosotras _vamos_ a bailar mañana.
5. Ustedes _van_ a correr esta tarde.
6. Serena _va_ a ir de cámping mañana.

C. Complete the exchanges with the correct form of **ir**.

1. LAURA: ¿Qué _vas_ a hacer este fin de semana?
   CARLOS: Yo _voy_ a jugar al golf.
2. ANA: ¿Qué _van_ a hacer ustedes mañana?
   TOMÁS: Nosotros _vamos_ a trabajar.
3. ERNESTO: ¿Qué _van_ a hacer Susana hoy?
   RICARDO: Ella y yo _vamos_ a ir al cine.

Ir + a + infinitive (continued)

D. Write questions with **ir** + **a** + **hacer**. Follow the models.

Modelos   (tú) / hacer hoy

¿Qué _____*vas a hacer hoy*_____?

(ellos) / hacer este fin de semana

¿Qué ___*van a hacer este fin de semana*___?

1. (yo) / hacer esta tarde

   ¿Qué _*voy a hacer esta tarde*_____?

2. nosotros / hacer mañana

   ¿Qué _*vamos a hacer mañana*_____?

3. ustedes / hacer hoy

   ¿Qué _*van a hacer hoy*_____?

4. tú / hacer este fin de semana

   ¿Qué _*vas a hacer este fin de semana*_____?

5. ella / hacer esta mañana

   ¿Qué _*va a hacer esta mañana*_____?

E. Write sentences to say what the people shown are going to do tomorrow. Follow the model.

Modelo   Roberto

Roberto va a jugar al béisbol.

1. Ana

   _*Ana va Jugar al*_____

2. Juan y José

   _____

3. tú

   _____

4. yo

   _____

The verb *jugar* (p. 208)

- **Jugar** (*to play a sport or game*) uses the regular **-ar** present tense endings.
- However, **jugar** does not use the same stem in all its forms. **Jugar** is a *stem-changing verb*. In most forms, it uses **jueg-** + the **-ar** endings. But in the **nosotros/nosotras, vosotros/vosotras** forms, it uses **jug-** + the **-ar** endings.
- Here are the forms of **jugar**:

yo	**juego**	nosotros/nosotras	**jugamos**
tú	**juegas**	vosotros/vosotras	**jugáis**
usted/él/ella	**juega**	ustedes/ellos/ellas	**juegan**

A. Circle the forms of **jugar** in each sentence. Underline the stem in each form of **jugar**.

1. Yo juego al tenis este fin de semana.
2. Ellos juegan al básquetbol esta noche.
3. Nosotros jugamos videojuegos mañana.
4. Ustedes juegan al golf este fin de semana.
5. Tú y yo jugamos al béisbol esta tarde.
6. Tú juegas al fútbol americano este fin de semana.
7. Ella juega al fútbol esta tarde.
8. Nosotras jugamos al vóleibol hoy.

B. Now, write the forms of **jugar** you circled in **part A**. Put them in the corresponding rows of the table. The first one has been done for you.

Subject pronoun	Form of *jugar*
1. yo	*juego*
2. ellos	Juegan
3. nosotros	Jugamos
4. ustedes	Juegan
5. tú y yo	Jugamos
6. tú	Juegas
7. ella	Juega
8. nosotras	Jugamos

Realidades ①

Capítulo 4B

Nombre _____

Fecha _____

Hora _____

Guided Practice Activities 4B-4

The verb *jugar* (*continued*)

C. Write questions with **jugar**. Follow the model.

Modelo	usted

　　　　¿A qué juega?

1. tú

   ¿A qué juegas?

2. nosotros

   ¿A qué Juegamos?

3. yo

   ¿A qué Juego

4. ella

   ¿A que Juega

5. tú y yo

   ¿A que Juegamos

6. ustedes

   ¿A que Juegan

D. Now write sentences to say what people are playing. Follow the model.

Modelo	

 Eduardo

　　Eduardo juega al fútbol.

1. Rosa y Ana

   Ros y Ana Juegan al Voliebol

2. nosotros

   nosotros Juegamos al beisbol

3. yo

   yo Juego al tenis

4. tú

   tú Juegas al basquetbol

5. ustedes

   tu Juegan al futbol americano

 WEB CODE jcd-0414
PHSchool.com

Lectura: Sergio y Lorena: El futuro de golf (pp. 212–213)

A. A list of personal information is given about each golfer in your textbook reading. Below are several of the categories for each piece of information. Write what you think is the English word for each category below.

1. Nombre _____

2. Fecha de nacimiento _____

3. Lugar de nacimiento _____

4. Su objetivo _____

5. Profesional _____

6. Universidad _____

B. Look at the list of **aficiones** (*interests*) for each golfer below. Then, answer the questions that follow.

SERGIO: Real Madrid, tenis, fútbol, videojuegos

LORENA: básquetbol, tenis, bicicleta de montaña, correr, nadar, comida italiana

1. What one interest do both golfers share? _____

2. What interest does Sergio have that is not a sport? _____

3. What interest does Lorena have that is not a sport? _____

C. Look at the following sentences from the reading. Circle **S** if they are about Sergio and **L** if they are about Lorena.

1. S L Juega para el Club de Campo del Mediterráneo en Borriol.

2. S L Es la mejor golfista de México.

3. S L Su padre Víctor es golfista profesional.

4. S L Tiene el nombre "El niño."

5. S L Quiere ser la golfista número uno.

6. S L A la edad de 17 años gana su primer torneo de profesionales.

D. Now, answer the questions about the two golfers from the reading. Write in either **Lorena, Sergio,** or **both** depending on the best answer.

1. Who was born in 1980? _____

2. Who is from Spain? _____

3. Who likes soccer? _____

4. Who likes tennis? _____

5. Who went to the University of Arizona? _____

6. Who wants to be the best golfer in the world? _____

Realidades 1

Capítulo 4B

Nombre _____

Fecha _____

Hora _____

Guided Practice Activities 4B-6

Presentación escrita (p. 215)

Task: Pretend you want to invite a friend to an upcoming special event on your calendar. You will need to write one invitation to that friend and anyone else you want to invite.

❶ **Prewrite.** Think about what event you want to attend. Fill in the information below about the event.

Name of event: _____

When (day and time): _____

Where: _____

Who is going: _____

❷ **Draft.** Use the information from **step 1** to write a first draft of your invitation on a separate sheet of paper. See below for a model.

> ¡Hola amigos!
>   Quiero invitarlos a una noche de baile caribeño en la sala de reuniones de la iglesia. La fiesta va a ser de las siete de la tarde hasta las once de la noche, el viernes, el cinco de mayo.
>   Quiero verlos a todos ustedes allí.
> Su amiga,
> Melisa

❸ **Revise.**

A. Read your note and check for the following:

_____ Is the spelling correct? (Consult a dictionary if you are not sure.)

_____ Did you use verbs correctly?

_____ Is all the necessary information included?

_____ Is there anything you should add or change?

B. Rewrite your invitation if there were any problems.

❹ **Publish.** Write a final copy of your invitation, making any necessary changes. Be sure to write or type neatly, as others will need to read your writing. You may also add a border decoration.

Realidades ●1

Capítulo 5A

Nombre _____

Fecha _____

Hora _____

Vocabulary Flash Cards, Sheet 1

Write the Spanish vocabulary word below each picture. If there is a word or phrase, copy it in the space provided. Be sure to include the article for each noun.

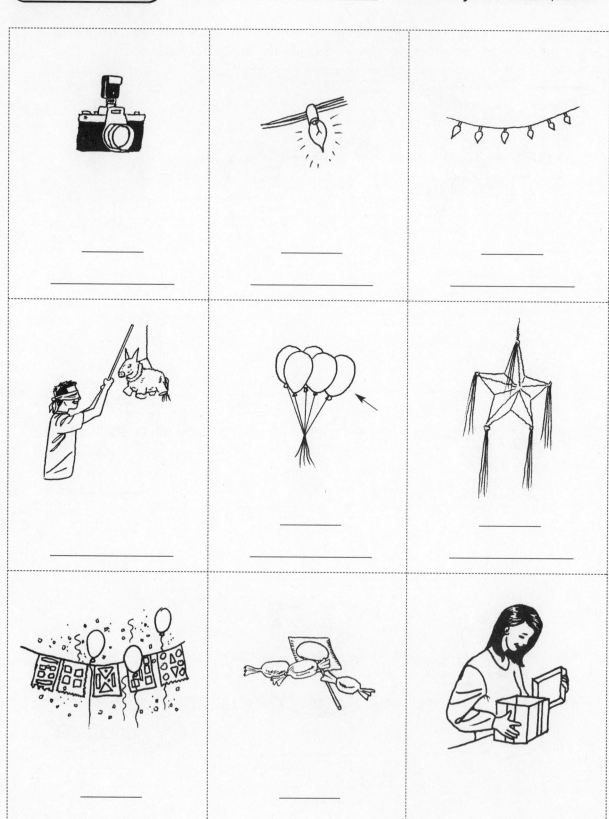

Realidades **1**

Capítulo 5A

Nombre _____

Hora _____

Fecha _____

Vocabulary Flash Cards, Sheet 3

el cumpleaños	el esposo	la esposa
_____ _____	_____ _____	_____ _____

Realidades ①

Nombre _____

Hora _____

Capítulo 5A

Fecha _____

Vocabulary Flash Cards, Sheet 4

_____

_____

_____

_____

_____

_____

el hermanastro

la hermanastra

los hijos

_____

_____

_____

_____

_____

_____

el hijo

la hija

el padrastro

_____

_____

_____

_____

_____

_____

Realidades 1

Capítulo 5A

Nombre _____

Hora _____

Fecha _____

Vocabulary Flash Cards, Sheet 5

la madrastra

_____

_____

_____

_____

_____

_____

_____

_____

_____

_____

_____

_____

¡Feliz cumpleaños!

_____

_____

celebrar

_____

_____

Realidades **1**

Capítulo 5A

Nombre _____

Hora _____

Fecha _____

Vocabulary Flash Cards, Sheet 6

el video

_____

_____

preparar

_____

sacar fotos

_____

_____

la foto

_____

_____

que

_____

sólo

_____

_____

mayor,
mayores

_____

menor,
menores

_____

la persona

_____

_____

Realidades **1**

Capítulo 5A

Nombre _____

Hora _____

Fecha _____

Vocabulary Check, Sheet 1

Tear out this page. Write the English words on the lines. Fold the paper along the dotted line to see the correct answers so you can check your work.

el abuelo _____

la abuela _____

el hermano _____

la hermana _____

el hijo _____

la hija _____

el padre (papá) _____

la madre (mamá) _____

el primo _____

la prima _____

el tío _____

la tía _____

la persona _____

el gato _____

el perro _____

Fold In

Realidades 1

Capítulo 5A

Nombre _____

Hora _____

Fecha _____

Vocabulary Check, Sheet 2

Tear out this page. Write the Spanish words on the lines. Fold the paper along the dotted line to see the correct answers so you can check your work.

grandfather _____

grandmother _____

brother _____

sister _____

son _____

daughter _____

father _____

mother _____

cousin (*male*) _____

cousin (*female*) _____

uncle _____

aunt _____

person _____

cat _____

dog _____

Fold In

Realidades **1**

Capítulo 5A

Nombre _____

Fecha _____

Hora _____

Vocabulary Check, Sheet 3

Tear out this page. Write the English words on the lines. Fold the paper along the dotted line to see the correct answers so you can check your work.

abrir _____

celebrar _____

decorar _____

hacer un video _____

romper _____

sacar fotos _____

la cámara _____

¡Feliz cumpleaños! _____
_____

los dulces _____

la flor, *pl.* las flores _____

el globo _____

la luz, *pl.* las luces _____

el papel picado _____
_____

el pastel _____

el regalo _____

Fold In

Tear out this page. Write the Spanish words on the lines. Fold the paper along the dotted line to see the correct answers so you can check your work.

to open _____

to celebrate _____

to decorate _____

to videotape _____

to break _____

to take pictures _____

camera _____

Happy birthday! _____

_____

candy _____

flower _____

balloon _____

light _____

cut-paper decorations _____

cake _____

gift, present _____

To hear a complete list of the vocabulary for this chapter, go to Disc 2, Track 1 on the Guided Practice Audio CD, or go to www.phschool.com and type in the Web Code jcd-0589. Then click on **Repaso del capítulo.**

Fold In

Realidades ①

Capítulo 5A

Nombre _____

Fecha _____

Hora _____

Guided Practice Activities 5A-1

The verb *tener* (p. 228)

- You have already learned some forms of the verb **tener** (*to have*): **tengo, tienes**.
- **Tener** is an irregular verb. Here are its forms.

yo	**tengo**	nosotros/nosotras	**tenemos**
tú	**tienes**	vosotros/vosotras	**tenéis**
usted/él/ella	**tiene**	ustedes/ellos/ellas	**tienen**

A. Write the correct form of **tener** next to each subject pronoun.

1. él _____
2. usted _____
3. ellos _____
4. nosotras _____
5. yo _____
6. tú _____

- **Tener** is used to show relationship or possession.
  - **Tengo** dos hermanas.   *I have two sisters.*
  - **Tienes** una bicicleta.   *You have a bicycle.*
- **Tener** is also used to express age, hunger, and thirst.
  - **Tengo** catorce años.   *I am fourteen years old.*
  - **Tengo** hambre.   *I am hungry.*
  - **Tengo** sed.   *I am thirsty.*

B. Read each numbered sentence with **tener**. Then write the number of that sentence in the correct column in the chart, depending on whether **tener** is used to express possession, age, thirst/hunger, or relationship. Follow the model.

possession	age	thirst/hunger	relationship
	#1		

1. ¿Cuántos años tiene tu tío?
2. Nosotras tenemos diez primos.
3. ¿Tiene sed tu padre?
4. Mi hermana tiene tres años.
5. Yo tengo un regalo para mi abuela.
6. Mis primos tienen mucha hambre.

C. Now look at the following sentences and write in the missing forms of **tener**.

1. Mi prima Ana _____ once años.
2. Yo _____ un regalo para mi tía.
3. Mis hermanos _____ mucha hambre.
4. Nosotros _____ tres gatos.
5. ¿Cuántos años _____ tu padre?
6. ¿ _____ sed tu hermano?

Realidades ①

Capítulo 5A

Nombre

Hora

Fecha

Guided Practice Activities 5A-2

D. Look at the family tree. Write forms of **tener** to complete each sentence below it.

Capitán   León   Alfonso   Alicia

Ramón   Sara   Anita   Eduardo

(16 años)   (10 años)   (19 años)   (22 años)   (12 años)   (15 años)   (9 años)
Patricia   Luis   Mariluisa   Carmen   Roberto   Carlos   Margarita

1. Patricia _tiene_ tres primos.

2. Alfonso y Alicia _tienen_ siete nietos.

3. Carlos _tiene_ un tío.

4. Mariluisa, tú _tienes_ tres hermanos.

5. Roberto y Carlos _tienen_ una hermana.

6. Nosotros _tenemos_ un perro y un gato.

E. Now, answer the following questions in complete sentences.

1. ¿Cuántos años tienes?

   Yo _tengo trece años_ .

2. ¿Cuántos hermanos tienes?

   Yo _tengo zero hermanos_ .

3. ¿Tienes sed?

   Sí / No, _no tengo sed_ .

4. ¿Tienes hambre?

   Sí / No, _yo tengo hambre_ .

Realidades (1)

Capítulo 5A

Nombre _____

Fecha _____

Hora _____

Guided Practice Activities 5A-3

Possessive adjectives (p. 232)

- Possessive adjectives are used to indicate who owns what and to show relationships.
- In English, *my, your, his, her, our,* and *their* are possessive adjectives.

yo	**mi/mis**	nosotros nosotras	**nuestro/nuestros** **nuestra/nuestras**
tú	**tu/tus**	vosotros vosotras	**vuestro/vuestros** **vuestra/vuestras**
usted/él/ella	**su/sus**	ustedes/ellos/ellas	**su/sus**

- Spanish possessive adjectives, just like other adjectives, change their endings to reflect number. The **nosotros** and **nosotras** forms (**nuestro, nuestra, nuestros, nuestras**) also change to reflect gender.

    mi herman**o** / **mis** herman**os**   BUT:
    mi hija / **mis** hijas   nuestr**o** tío / nuestr**os** tíos
    tu flor / **tus** flor**es**   nuestr**a** tía / nuestr**as** tías

A. Look at each noun. Write **S** if the noun is singular and **P** if it is plural.

1. __S__ primo
2. __P__ regalos
3. __P__ hijas
4. __S__ flor

5. __S__ pastel
6. __S__ tío
7. __P__ globos
8. __P__ familias

B. Now, circle the correct possessive adjective for each of the nouns from **part A**.

1. (**mi** / mis) primo
2. (su /**sus**) regalos
3. (tu /**tus**) hijas
4. (**mi** / mis) flor

5. (**tu** / tus) pastel
6. (**mi** / mis) tío
7. (su /**sus**) globos
8. (tu /**tus**) familias

C. Write **mi** in front of each singular noun and **mis** in front of each plural noun.

1. _____mi_____ piñata
2. _____mis_____ hermanos
3. _____mis_____ regalos
4. _____mis_____ flores

Possessive adjectives (continued)

D. Look at each noun. Circle **S** if it is singular and **P** if it is plural. Circle **M** if it is masculine and **F** if it is feminine. Follow the model.

| Modelo | pasteles | (S /(P)) and ((M)/ F) |

1. decoraciones (S /(P)) and (M /(F))
2. hijos (S /(P)) and ((M)/ F)
3. gato ((S)/ P) and ((M)/ F)

4. flores (S /(P)) and (M /(F))
5. luz ((S)/ P) and (M /(F))
6. globos (S /(P)) and ((M)/ F)

E. Below are the nouns from **part D**. Write **nuestro, nuestra, nuestros,** or **nuestras** in front of each one. Follow the model.

| Modelo | _nuestros_ pasteles |

1. ___nuestras___ decoraciones
2. ___nuestros___ hijos
3. ___nuestro___ gato

4. ___nuestras___ flores
5. ___nuestra___ luz
6. ___nuestros___ globos

F. Circle the correct word to complete each sentence.

1. Tenemos (**nuestros** / **nuestras**) decoraciones en el coche.
2. Voy a la fiesta con (**mi** / **mis**) abuelos.
3. Aquí tienes (**tu** / **tus**) regalo.
4. Alicia va a hacer una piñata con (**su** / **sus**) hermano.
5. (**Nuestro** / **Nuestra**) familia saca muchas fotos en las fiestas.
6. Ella va a la fiesta con (**su** / **sus**) perro.

G. Write the correct form of the possessive adjective indicated to complete each sentence. Follow the models.

| Modelos | nuestro: | Ella es ___nuestra___ tía. |
| | mi: | Roberto y Luis son ___mis___ primos. |

1. tu: Elena y Margarita son ___tus___ hermanas.
2. mi: León es ___mi___ perro.
3. nuestro: Ellos son ___nuestros___ primos.
4. su: Adela es ___su___ abuela.
5. su: Adela y Hernando son ___sus___ abuelos.
6. nuestro: Roberto es ___nuestro___ hijo.
7. nuestro: Lidia y Susana son ___nuestros___ tías.

Go Online WEB CODE jcd-0505
PHSchool.com

Lectura: Mis padres te invitan a mi fiesta de quince años (pp. 238–239)

A. Part of the reading in your textbook is an invitation to a special birthday celebration. Before skimming the reading, write four pieces of information you would expect to find on an invitation to such a party.

1. _____
2. _____
3. _____
4. _____

---

*Felipe Rivera López
y Guadalupe Treviño Ibarra
esperan el honor de su asistencia
el sábado, 15 de mayo de 2004
para celebrar los quince años de su hija
María Teresa Rivera Treviño.*

B. Read through the text of the first part of the invitation (top right). Complete the following.

1. Circle the day of the week in the paragraph above.
2. Underline the date of the party.
3. What is the daughter's full name? _____
   _____

---

*Misa
a las cuatro de la tarde
Iglesia Nuestra Señora de Guadalupe
2374 Avenida Linda Vista, San Diego, California
Recepción y cena-baile a las seis de la tarde
Restaurante Luna
7373 Calle Florida, San Diego, California*

C. Now, read the second part of the invitation and answer the questions below.

1. Write the times that each of the following takes place:

   (a) the Mass _____   **(b)** the reception _____

2. What will people be doing at the reception? _____
3. At what kind of place will the reception be held? _____

D. Now look back at **part A**. Did you find all of the information you were looking for in the reading? Fill in the simple facts of the reception below.

For whom: _____

Time: _____

Date: _____

Location: _____

Presentación oral (p. 241)

Task: Pretend you are living with a host family in Chile. They want to know about your family back home. Show them photographs of two family members and talk about the people shown.

A. You will need to have brought in two family photos or "created" photos from an imaginary family by using pictures from a magazine. Use the chart below to organize what you want to say about each person. Follow the model and write similar information about your family members.

Nombre	Es mi...	Edad	Actividad favorita
Isabel	hermana menor	9 años	le gusta cantar

B. Since you will be presenting the information above orally, you will need to put everything into complete sentences. Read the model below to get you started. Be sure to practice speaking clearly when you read the model.

> Se llama Isabel. Ella es mi hermana menor. Tiene nueve años.
> A Isabel le gusta cantar. Es muy artística.

C. Fill in the spaces below with the information you gathered from **part A**. Make sure you provide all the information you listed about each person.

Person 1: Se llama _____. (**Él / Ella**) es mi _____.

Tiene _____ años. A _____ le gusta _____.

Es _____.

Person 2: Se llama _____. (**Él / Ella**) es mi _____.

Tiene _____ años. A _____ le gusta _____.

Es _____.

D. Practice your presentation with the photos.
Remember to:

_____ provide all the information on each family member.
_____ use complete sentences.
_____ speak clearly.

Write the Spanish vocabulary word below each picture. If there is a word or phrase, copy it in the space provided. Be sure to include the article for each noun.

el menú	viejo	cansado cansada
el alto	calor	el azúcar
corta	frio	

Realidades 1

Capítulo 5B

Nombre _____

Hora _____

Fecha _____

Vocabulary Flash Cards, Sheet 2

la
cruchara

el
guapo

la
taza

Joven

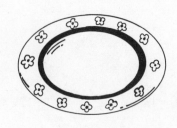
el
plato

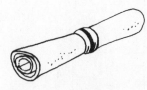
la
servilleta

_____

el
cuchillo

la
vaso

Realidades ❶

Capítulo 5B

Nombre _____

Hora _____

Fecha _____

Vocabulary Flash Cards, Sheet 3

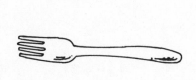

el
tenedor

la
camarera

el
postre

la
pimienta

el
camarero

traer

to bring

la
sal

la
cuenta

**el plato
principal**

Main
dish

Realidades ❶

Capítulo 5B

Nombre _____

Hora _____

Fecha _____

Vocabulary Flash Cards, Sheet 4

**corto,
corta**

Small ,

_____

**guapo,
guapa**

handsome ,

_____

el joven

_____

young

la joven

_____

young

el pelo

_____

hair

canoso

gray

castaño

brown

negro

black

rubio

blonde

Realidades 1

Capítulo 5B

Nombre _____

Hora _____

Fecha _____

Vocabulary Flash Cards, Sheet 5

pelirrojo, pelirroja	delicioso, deliciosa	desear
_____ , _____	_____ , _____	_____
pedir	rico, rica	Me falta(n)...
to order	_____ , _____	_____
Quisiera...	ahora	¿Algo más?
Would like	_____	_____

Realidades ❶

Capítulo 5B

Nombre _____

Hora _____

Fecha _____

Vocabulary Flash Cards, Sheet 6

De nada.

_____

_____

otro, otra

Other _____,

another _____

¿Me trae...?

_____

Le traigo...

_____

_____

¡Qué...!

_____

largo, larga

long _____

yo traigo

_____

_____

el joven

__ young __

de postre

__ __

Realidades **1**

Capítulo 5B

Nombre _____

Fecha _____

Hora _____

Vocabulary Check, Sheet 1

Tear out this page. Write the English words on the lines. Fold the paper along the dotted line to see the correct answers so you can check your work.

el hombre	Man
la mujer	Woman
corto, corta	Short
joven	Young
largo, larga	long
viejo, vieja	Old
el pelo	hair
canoso	gray
castaño	brown
negro	black
rubio	blond
pelirrojo, pelirroja	red haired
desear	to want
pedir	to order
el plato principal	Main dish

Fold In

Realidades **1**

Capítulo 5B

Nombre _____

Hora _____

Fecha _____

Vocabulary Check, Sheet 2

Tear out this page. Write the Spanish words on the lines. Fold the paper along the dotted line to see the correct answers so you can check your work.

man _____

woman _____

short (length) _____

young _____

long _____

old _____

hair _____

gray _____

brown (chestnut) _____

black _____

blond _____

red-haired _____

_____

to want _____

to order _____

main dish _____

_____

Fold In

Tear out this page. Write the English words on the lines. Fold the paper along the dotted line to see the correct answers so you can check your work.

el postre _____

rico, rica _____

el azúcar _____

la cuchara _____

el cuchillo _____

la pimienta _____

el plato _____

la sal _____

la servilleta _____

la taza _____

el tenedor _____

el vaso _____

el camarero _____

la camarera _____

la cuenta _____

el menú _____

Fold In

Tear out this page. Write the Spanish words on the lines. Fold the paper along the dotted line to see the correct answers so you can check your work.

dessert _____

rich, tasty _____

sugar _____

spoon _____

knife _____

pepper _____

plate, dish _____

salt _____

napkin _____

cup _____

fork _____

glass _____

waiter _____

waitress _____

bill _____

menu _____

To hear a complete list of the vocabulary for this chapter, go to Disc 2, Track 2 on the Guided Practice Audio CD, or go to www.phschool.com and type in the Web Code jcd-0599. Then click on **Repaso del capítulo.**

Fold In

The verb *venir* (p. 256)

- The forms of **venir** are similar to the forms of **tener** that you just learned. Notice that the **yo** forms of both verbs end in -**go**.

yo	**vengo**	nosotros/nosotras	**venimos**
tú	**vienes**	vosotros/vosotras	**venís**
usted/él/ella	**viene**	ustedes/ellos/ellas	**vienen**

A. Circle all the forms of **venir** you see in this conversation.

RAÚL: ¿Vienes a la fiesta?

ANA: Si, vengo a las ocho y media.

Mis padres vienen también.

RAÚL: Muy bien. Mis amigos no vienen, pero mi hermano sí viene.

ANA: ¿Cuándo vienen?

RAÚL: Venimos a las nueve.

B. Now, write the forms of **venir** that you circled in **part A** in the correct row of the table. Write only one form of **venir** for each subject pronoun. The first one has been done for you.

Subject pronoun	Form of *venir*
1. yo	
2. tú	*Vienes*
3. usted/él/ella	
4. nosotros	
5. ustedes/ellos/ellas	

C. Complete the following conversation by circling the correct forms of **venir**.

ISABEL: ¿(**Vienes / Vienen**) ustedes a la fiesta?

MÍA: Sí, Marcos y yo (**vienen / venimos**). Pero Luis no (**vienes / viene**).

ISABEL: ¿Por qué no (**viene / vengo**) Luis?

MÍA: Tiene que trabajar. ¿(**Venimos / Vienes**) tú?

ISABEL: Sí. (**Vengo / Vienen**) a las ocho.

MÍA: ¡Qué bien! Nosotros (**venimos / vienes**) a las ocho también.

• **Venir** is used to say that someone is coming to a place or an event.

D. Write forms of **venir** to say when people are coming to the party.

1. Nosotras _____ a las ocho y cuarto.

2. Tú _____ a las nueve menos cuarto.

3. Elena y Olga _____ a las nueve y media.

4. Yo _____ a las ocho.

5. Marcos _____ a las diez y cuarto.

6. Usted _____ a las diez menos cuarto.

7. Ustedes _____ a las diez.

E. This agenda shows when people have appointments. Complete each sentence to say when each person is coming. Follow the model.

8:00 ___ 8:30 La Sra. Ramos
9:00 ___ Marta
10:00 Raúl y Josefina
        10:45 Yo
11:00 ___ 11:30 tú
12:00 Carmen y yo
        Pedro
1:00 ___
2:00 ___
        2:30 Roberto y tú
3:00 ___
        3:30 Lucía y Ramón
4:00 ___
5:00 ___

Modelo _La Sra. Ramos viene_ a las ocho y media.

1. _____ a las nueve.

2. _____ a las diez.

3. _____ a las once menos cuarto.

4. _____ a las once y media.

5. _____ a las doce.

6. _____ a la una.

7. _____ a las dos y media.

8. _____ a las tres y media.

F. Answer each question by completing the sentences. Follow the model.

Modelo ¿A qué hora vienes a la clase de español?

Yo _vengo_ a la clase de español _a las diez y media_.

1. ¿A qué hora vienes a la escuela?

Yo _____ a la escuela _____.

2. ¿A qué hora vienes a la clase de español?

Yo _____ a la clase de español _____.

3. ¿A qué hora vienes a casa?

Yo _____ a casa _____.

Go Online WEB CODE jcd-0513
PHSchool.com

The verbs *ser* and *estar* (p. 258)

- There are two Spanish verbs that mean "to be": **ser** and **estar**.
- Review their forms in the present tense.

ser			
yo	**soy**	nosotros/nosotras	**somos**
tú	**eres**	vosotros/vosotras	**sois**
usted/él/ella	**es**	ustedes/ellos/ellas	**son**

estar			
yo	**estoy**	nosotros/nosotras	**estamos**
tú	**estás**	vosotros/vosotras	**estáis**
usted/él/ella	**está**	ustedes/ellos/ellas	**están**

A. Circle the form of **ser** or **estar** that is used in each sentence.

1. Mi madre es profesora.

2. Ellas son de México.

3. Las décoraciones están en mi casa.

4. Nosotras somos artísticas.

5. Yo estoy enferma.

6. Los libros están en la mesa.

7. Tú estás en la oficina.

8. Yo soy la prima de Ana.

B. Look at the forms of **ser** and **estar** that you circled in **part A**. Decide why **ser** or **estar** was used in each. Write the reason using the chart in the explanation on page 258 in your textbook to find the reason why **ser** or **estar** was used in each sentence. Write each reason in the right-hand side of the chart. The first one has been done for you.

Forms of *ser* and *estar*	Reason
1. *es*	*who a person is*
2.	
3.	
4.	
5.	
6.	
7.	
8.	

Realidades ❶

Nombre _____

Hora _____

Capítulo 5B

Fecha _____

Guided Practice Activities 5B-4

The verbs *ser* and *estar* (continued)

C. Circle the correct form of the verb **ser** in each sentence.

1. Mis padres (**son** / **somos**) profesores.
2. Yo (**soy** / **eres**) muy atrevida.
3. La comida (**es** / **eres**) de un restaurante.

D. Circle the correct form of the verb **estar** in each sentence.

1. Tú (**estoy** / **estás**) muy cansado hoy.
2. La computadora (**está** / **estamos**) en la oficina.
3. Nosotros (**estamos** / **están**) muy ocupados.

E. Circle the correct form of **ser** or **estar** in these sentences. Look back at the chart with the uses of **ser** and **estar** if you need help.

1. Mis abuelos (**son** / **están**) profesores de matemáticas.
2. Yo (**soy** / **estoy**) enfermo hoy.
3. Tú (**eres** / **estás**) en la clase de historia.
4. Tomás (**es** / **está**) de Argentina.
5. Ustedes (**son** / **están**) argentinos también.
6. Nosotras (**somos** / **estamos**) muy cansadas.
7. Los libros (**son** / **están**) muy interesantes.
8. Los libros (**son** / **están**) en la biblioteca.

F. Write the correct form of **ser** or **estar** to complete each sentence.

1. Tú ___estás___ en la oficina.
2. Nosotras ___estamos___ muy ocupadas hoy.
3. Yo ___soy___ estudiante.
4. Mi padre ___es___ profesor.
5. El video ___es___ interesante.
6. Los videos ___estan___ en la biblioteca.
7. Nosotros ___somos___ de Guatemala.
8. Tú ___es___ muy simpático.

Go Online WEB CODE jcd-0514
PHSchool.com

Lectura: Una visita a Santa Fe (pp. 262–263)

A. The reading in your textbook is about the city of Santa Fe. What kinds of information would you expect to find in such a reading? List three ideas below.

1. _____
2. _____
3. _____

B. As you skim the reading you will come across some new cognates. Write the English word for each Spanish cognate listed below.

1. visita _____
2. historia _____
3. museo _____

4. típica _____
5. histórico _____
6. tradicional _____

C. Did you find some activities when you skimmed the reading? If not, look again to find three activities that the cousins are going to do during their visit to Santa Fe. Write the three activities in Spanish below.

1. _____
2. _____
3. _____

D. Now, read the paragraph below from your textbook and answer the questions in English that follow.

> *Durante los días de su visita, el Rancho va a celebrar "un fandango", un baile histórico y típico, con una cena tradicional. Toda la comida es riquísima, pero nuestro plato favorito es el chile con carne y queso. Después de comer, vamos a bailar.*

1. What is a "fandango"? _____
2. What kind of meal will they have to accompany the "fandango"?

   _____

3. What is their favorite dish at the restaurant? _____
4. Which comes first, the meal or dancing? _____

Presentación escrita (p. 265)

Task: Pretend your town needs a Spanish-language community guide for restaurants written. Write a review of your favorite local restaurant in Spanish.

❶ **Prewrite.** Compile the information you will need in order to write about your favorite restaurant. Fill in the information on the lines next to each category.

1. nombre _____

2. descripción general _____
   _____

3. platos principales _____

4. postres _____

❷ **Draft.**

A. In order to prepare your first draft, write sentences with the information you compiled in **section 1** (**Prewrite**).

1. El restaurante se llama _____ .

2. Es un restaurante _____ con
   _____ .

3. Los _____ son riquísimos.

4. Hay _____ , _____ y _____ también.

B. Read the model below to give you an idea of what a complete review could look like.

> *Café Beló es un café tranquilo con un ambiente intelectual donde puedes pasar el tiempo en la compañía de un buen amigo o un buen libro. Los precios son baratos. Puedes comer un sándwich, una ensalada, un postre o simplemente beber un café. Los postres son riquísimos. Un "plus" es la presentación de grupos musicales los fines de semana.*

C. Use the sentences you wrote in **part A** above and add anything useful from the model to construct your complete review.

❸ **Revise.** Read through your review. Then you will share it with a partner. You should each check for:

_____ adjective agreement (masculine words with masculine endings, feminine words with feminine endings)

_____ correct use of verb forms

_____ correct spelling

_____ persuasiveness of your review

Write the Spanish vocabulary word below each picture. If there is a word or phrase, copy it in the space provided. Be sure to include the article for each noun.

Realidades 1

Capítulo 6A

Nombre _____

Fecha _____

Hora _____

Vocabulary Flash Cards, Sheet 2

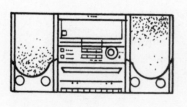

_____

_____

_____

_____

_____

_____

_____

_____

_____

_____

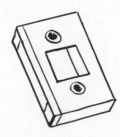

_____

_____

_____

_____

_____

_____

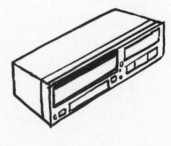

_____

_____

_____

¿De qué color...?

_____ _____

_____

gris

_____

los colores

_____

azul

_____

marrón

_____

amarillo, amarilla

_____,

_____

blanco, blanca

_____,

_____

morado, morada

_____,

_____

Realidades 1

Capítulo 6A

Nombre _____

Hora _____

Fecha _____

Vocabulary Flash Cards, Sheet 4

rojo, roja	anaranjado, anaranjada	importante
_____, _____	_____,	_____
rosado, rosada	feo, fea	mismo, misma
_____, _____	_____, _____	_____, _____
verde	grande	pequeño, pequeña
_____	_____	_____, _____

propio, propia	el/la mejor	la cosa
_____ _____	_____ _____	_____ _____
a la derecha (de)	menos... que	para mí
_____ _____	_____ _____	_____ _____
a la izquierda (de)	el/la peor	para ti
_____ _____	_____ _____	_____ _____

Nombre _____

Hora _____

Fecha _____

Vocabulary Flash Cards, Sheet 6

el dormitorio	la posesión	bonito, bonita
poder	los/las mejores	mejor(es) que
negro, negra	los/las peores	peor(es) que

Nombre _____

Hora _____

Fecha _____

Tear out this page. Write the English words on the lines. Fold the paper along the dotted line to see the correct answers so you can check your work.

la alfombra   _____

el armario   _____

la cama   _____

la cómoda   _____

las cortinas   _____

el cuadro   _____

el despertador   _____

el dormitorio   _____

el espejo   _____

el estante   _____

      _____

la lámpara   _____

la mesita   _____

la pared   _____

el equipo de sonido   _____

el lector DVD   _____

el televisor   _____

la videocasetera   _____

Fold In →

Nombre _____

Fecha _____

Hora _____

Vocabulary Check, Sheet 2

Tear out this page. Write the Spanish words on the lines. Fold the paper along the dotted line to see the correct answers so you can check your work.

rug _____

closet _____

bed _____

dresser _____

curtains _____

painting _____

alarm clock _____

bedroom _____

mirror _____

shelf,
bookshelf _____

lamp _____

night table _____

wall _____

sound (stereo)
system _____

DVD player _____

television set _____

VCR _____

Fold In →

Tear out this page. Write the English words on the lines. Fold the paper along the dotted line to see the correct answers so you can check your work.

amarillo, amarilla _____

anaranjado, anaranjada _____

azul _____

blanco, blanca _____

gris _____

marrón _____

morado, morada _____

rojo, roja _____

rosado, rosada _____

verde _____

bonito, bonita _____

feo, fea _____

grande _____

importante _____

mismo, misma _____

pequeño, pequeña _____

Fold In

Tear out this page. Write the Spanish words on the lines. Fold the paper along the dotted line to see the correct answers so you can check your work.

yellow   _____

               _____

orange   _____

               _____

blue   _____

white   _____

gray   _____

brown   _____

purple   _____

red   _____

pink   _____

green   _____

pretty   _____

ugly   _____

large   _____

important   _____

same   _____

small   _____

               _____

To hear a complete list of the vocabulary for this chapter, go to Disc 2, Track 3 on the Guided Practice Audio CD, or go to www.phschool.com and type in the Web Code jcd-0689. Then click on **Repaso del capítulo.**

Fold In

Realidades 1

Capítulo 6A

Nombre _____

Fecha _____

Hora _____

Guided Practice Activities 6A-1

Making comparisons (p. 278)

- Use **más** + adjective + **que** to compare two people, things, or actions:

   El libro es **más interesante que** el video.

   *The book is **more interesting than** the video.*

- Use **menos** + adjective + **que** to compare two people, things, or actions:

   Correr es **menos divertido que** montar en bicicleta.

   *Running is **less fun than** riding a bike.*

A. Below are six comparisons. Write a + (plus sign) next to the ones that give the idea of "greater than" or "more than." Write a – (minus sign) next to the ones that give the idea of "worse than" or "less than." Follow the models.

Modelos más simpático que ____+____

menos ordenada que ____–____

1. menos divertido que ____–____

2. más simpático que ____+____

3. más reservada que ____+____

4. más interesante que ____+____

5. menos paciente que ____–____

6. menos atrevida que ____–____

B. The sentences below are marked with a + (plus sign) or a – (minus sign). Write in **más** if there is a + and **menos** if there is a –.

1. + El perro es ____Mas____ simpático que el gato.

2. – Luisa es ____Menos____ artística que Beatriz.

3. – Tomás es ____Menos____ trabajador que Marcos.

4. + La bicicleta es ____Mas____ grande que el monopatín.

- Some adjectives have special forms for comparisons. See the chart below.

Adjective		Comparative	
bueno / buena	*good*	**mejor (que)**	*better than*
malo / mala	*bad*	**peor (que)**	*worse than*
viejo / vieja	*old*	**mayor (que)**	*older than*
joven	*young*	**menor (que)**	*younger than*

C. Choose the correct comparative to complete each sentence.

1. Lorena tiene catorce años. Lidia tiene quince años. Lorena es (**mayor** / **menor**) que Lidia.

2. El restaurante grande es malo. El restaurante pequeño es bueno. El restaurante grande es (**mejor** / **peor**) que el restaurante pequeño.

3. Mi abuela tiene sesenta años. Tu abuela tiene cincuenta y ocho años. Mi abuela es (**mayor** / **menor**) que tu abuela.

Realidades 1

Capítulo 6A

Nombre _____

Hora _____

Fecha _____

Guided Practice Activities 6A-2

The superlative (p. 280)

- To say someone or something is the *most* or the *least*:

  el / la / los / las + noun + **más / menos** + adjective

  Es **el libro más interesante** de la biblioteca.

- To say someone or something is the *best* or the *worst*:

  el / la / los / las + **mejor(es) / peor(es)** + noun

  Es **el peor libro** de la biblioteca.

A. Below are eight superlative expressions. Write a + (plus sign) next to the ones that give the idea of the *most* or the *best*. Write a − (minus sign) next to the ones that give the idea of the *least* or the *worst*.

1. la lámpara más grande _____+_____
2. la mesita más fea _____+_____
3. el peor video _____−_____
4. las mejores cortinas _____+_____
5. el espejo menos feo _____−_____
6. la alfombra menos bonita _____−_____
7. los peores cuadros _____−_____
8. los mejores despertadores _____+_____

B. Look at each sentence and see whether it is marked with a + or a −. Write in **más** if there is a + and **menos** if there is a −.

1. + Mi tío es la persona ____Mas____ simpática de mi familia.
2. − La cama es la ____Menos____ grande de todas.
3. − Marzo es el mes ____Menos____ bonito del año.
4. + Sandra es la persona ____Mas____ divertida de la familia.

C. Choose the correct superlative to complete each sentence. Circle the word you have chosen.

1. Me gusta mucho nadar y montar en bicicleta. Para mí, julio es el (**mejor** / **peor**) mes del año.

2. Todos mis primos son inteligentes, pero Alberto es el (**más** / **menos**) inteligente de todos. Es muy estudioso y trabajador también.

3. Me gusta mucho esquiar. Para mí, julio es el (**mejor** / **peor**) mes del año.

4. No me gustan los libros aburridos. Tu libro es el (**más** / **menos**) aburrido de todos. Es bastante interesante.

5. Mis abuelos son muy divertidos. Son las personas (**más** / **menos**) divertidas de la familia.

6. No me gusta esta cama. Es la cama (**más** / **menos**) grande de la casa.

Go Online WEB CODE jcd-0604
PHSchool.com

Stem-changing verbs: *poder* and *dormir* (p. 284)

- **Poder** (*to be able to do something*) and **dormir** (*to sleep*) are both stem-changing verbs like **jugar**, which you learned previously. Just like **jugar**, only the **nosotros/nosotras** and **vosotros/vosotras** forms of **poder** and **dormir** do not change their stems.
- Here are the forms of **poder** and **dormir**:

yo	puedo	nosotros/nosotras	podemos
tú	puedes	vosotros/vosotras	podéis
usted/él/ella	puede	ustedes/ellos/ellas	pueden

yo	duermo	nosotros/nosotras	dormimos
tú	duermes	vosotros/vosotras	dormís
usted/él/ella	duerme	ustedes/ellos/ellas	duermen

A. Circle the forms of **poder** and **dormir** in each sentence. Then underline the stem in each verb you circled. The first one has been done for you.

1. (Dormimos) ocho horas al día.
2. ¿Puedes montar en bicicleta?
3. No puedo trabajar hoy.
4. Mis hermanos duermen mucho.
5. Podemos traer la comida.
6. Duermo mucho los fines de semana.
7. No podemos hablar francés.
8. Ud. duerme en una cama grande.

B. Now, write the words you circled in **part A** next to each subject pronoun below.

1. nosotros _____ 5. nosotros _____
2. tú _____ 6. yo _____
3. yo _____ 7. nosotros _____
4. ellos _____ 8. Ud. _____

C. Circle the correct form of **poder** or **dormir** to complete each sentence.

1. Mis amigos y yo (**dormimos** / **duermen**) diez horas al día.
2. Roberto no (**puedo** / **puede**) ir a la fiesta.
3. Ustedes (**dormimos** / **duermen**) en la cama más grande de la casa.
4. Tú y yo (**puedes** / **podemos**) traer unos discos compactos.
5. Linda y Natalia (**duermo** / **duermen**) en un dormitorio grande.
6. Nosotros no (**podemos** / **puedes**) usar el lector DVD.
7. Tú (**dormimos** / **duermes**) en el dormitorio con la alfombra azul.

Stem-changing verbs: *poder* and *dormir* (continued)

D. Complete the sentences with forms of **poder** and **dormir**. Follow the models.

Modelos Paco (**poder**) ir a la biblioteca.

Paco ___*puede*___ ir a la biblioteca.

Mónica (**dormir**) en el dormitorio grande.

Mónica ___*duerme*___ en el dormitorio grande.

1. Olivia (**poder**) montar en monopatín.

   Olivia _____ montar en monopatín.

2. Javier (**dormir**) ocho horas al día.

   Javier _____ ocho horas al día.

3. Tú (**dormir**) en un dormitorio con tu hermano.

   Tú _____ en un dormitorio con tu hermano.

4. Yo (**poder**) usar la videocasetera.

   Yo _____ usar la videocasetera.

5. Nosotros (**poder**) comprar unas cortinas para el dormitorio.

   Nosotros _____ comprar unas cortinas para el dormitorio.

6. Nosotros (**dormir**) en un dormitorio pequeño.

   Nosotros _____ en un dormitorio pequeño.

7. Ustedes (**dormir**) mucho los fines de semana.

   Ustedes _____ mucho los fines de semana.

E. Write sentences about yourself and your friends using forms of **poder**. Follow the models. Use ideas from the list or other words you know.

> **montar en bicicleta / esquiar / patinar / montar en monopatín /**
> **hablar español / nadar / patinar / tocar la guitarra / jugar a ¿...?**

Modelos Yo ___*puedo montar en bicicleta*___.

Mis amigos y yo ___*podemos nadar*___.

1. Yo _____.

2. Yo no _____.

3. Mis amigos y yo _____.

4. Mis amigos y yo no _____.

WEB CODE jcd-0605
PHSchool.com

Lectura: El desastre en mi dormitorio (pp. 288–289)

A. Try to guess the meaning of the following cognates. If you are having difficulty, skim through the reading in your textbook to find these words in context. Write your answers in the spaces below.

1. desastre _____

2. posesiones _____

3. desorden _____

4. situación _____

5. recomendar _____

6. considerar _____

B. The statements below refer to one of the roommates from the reading in your textbook. The roommates' names are Rosario and Marta. After each statement, circle **M** if it describes **Marta** or **R** if it describes **Rosario**.

1. M R Le gusta el orden.

2. M R Le gusta el desorden.

3. M R Su color favorito es el negro.

4. M R Su color favorito es el amarillo.

5. M R Hay comida en el suelo.

6. M R Hay postre en el escritorio.

C. The second part of the reading in your textbook is the response from the advice columnist, Magdalena, to Marta's letter. Read the final piece of advice below that Magdalena gives to Rosario. Answer the questions in English that follow.

> *Si la situación no es mejor después de unas semanas, tienes que considerar la posibilidad de separar el dormitorio con una cortina. ¡Pero no debe ser una cortina ni negra ni amarilla!*

1. How long does Magdalena tell Rosario to wait before considering another possibility?

_____

2. According to Magdalena, with what should Rosario separate the room?

_____

3. What colors should not separate the two rooms?

_____ and _____

D. In your own words, explain what the disaster in Rosario's bedroom is.

_____

_____

Realidades ❶

Capítulo 6A

Nombre _____

Hora _____

Fecha _____

Guided Practice Activities 6A-6

Presentación oral (p. 291)

Task: Use a photograph or drawing of a bedroom to talk about what its contents and colors tell about the personality of the owner.

A. Bring in a picture of a bedroom. It can be a photo, a picture cut out from a magazine, or a picture that you drew. Use the following four questions to organize your thoughts about the room. Write your answers to the questions on the line beneath each question.

1. ¿Qué hay en el dormitorio?

_____

2. ¿Cómo es el dormitorio?

_____

3. ¿De qué color es?

_____

4. ¿Qué cosas hay en las paredes?

_____

B. Using the information you just compiled in **part A**, answer the questions below in the spaces provided.

• En tu opinión, ¿cómo es la persona que vive (*lives*) en el dormitorio?
• ¿Qué le gusta hacer?

Es una persona _____ porque el dormitorio _____

_____ .

Le gusta _____ porque en el dormitorio hay _____

_____ .

C. Go through your presentation several times. Make sure you:

_____ support your statements with examples
_____ use complete sentences
_____ speak clearly

Realidades ❶

Capítulo 6B

Nombre _____

Fecha _____

Hora _____

Vocabulary Flash Cards, Sheet 1

Write the Spanish vocabulary word below each picture. If there is a word or phrase, copy it in the space provided. Be sure to include the article for each noun.

_____

_____

_____

_____,

_____

_____

_____

_____

_____

_____

_____

_____

Realidades

Capítulo 6B

Nombre _____

Hora _____

Fecha _____

Vocabulary Flash Cards, Sheet 2

_____

_____

_____

_____

_____

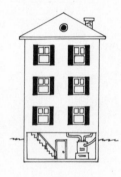

_____

el
piso

_____

_____

_____

Realidades **1**

Capítulo 6B

Nombre _____

Fecha _____

Hora _____

Vocabulary Flash Cards, Sheet 3

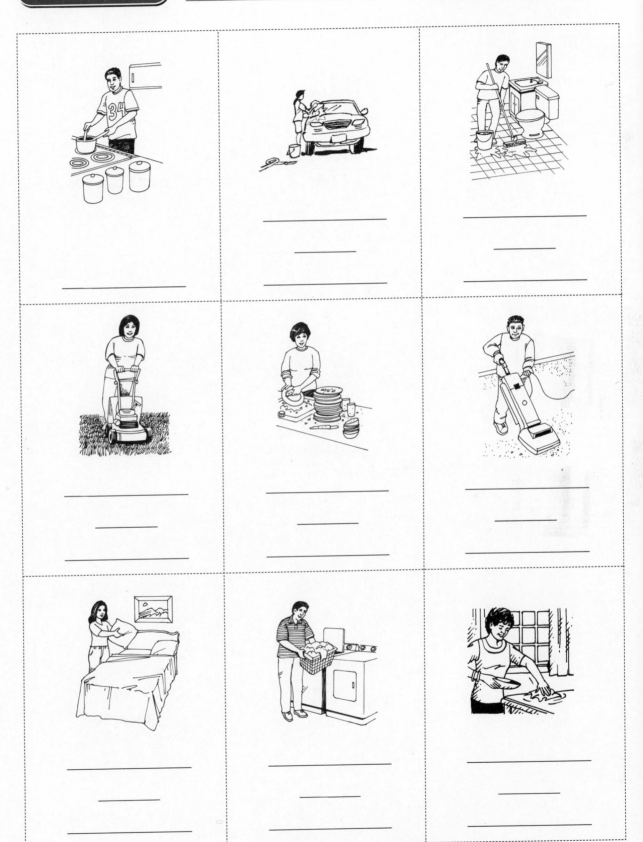

Nombre _____ Hora _____

Fecha _____ **Vocabulary Flash Cards, Sheet 4**

ayudar _____	cerca (de) _____ _____	los quehaceres _____ _____
dar _____	lejos (de) _____ _____	el apartamento _____ _____
poner _____	vivir _____	el cuarto _____ _____

sucio, sucia _____, _____	**¿Qué estás haciendo?** _____ _____	**si** _____
bastante _____	**un momento** _____ _____	_____ _____
¿Cuáles? _____	**recibir** _____	_____

Realidades **1**

Capítulo 6B

Nombre _____

Hora _____

Fecha _____

Vocabulary Flash Cards, Sheet 6

Realidades 1

Capítulo 6B

Nombre _____

Hora _____

Fecha _____

Vocabulary Check, Sheet 1

Tear out this page. Write the English words on the lines. Fold the paper along the dotted line to see the correct answers so you can check your work.

cerca (de) _____

lejos (de) _____

vivir _____

el apartamento _____

la cocina _____

el comedor _____

el despacho _____

la escalera _____

el garaje _____

la planta baja _____

el primer piso _____

el segundo piso _____

la sala _____

el sótano _____

arreglar el cuarto _____
_____

ayudar _____

cocinar _____

cortar el césped _____

Fold In

Realidades **1**

Capítulo 6B

Nombre _____

Hora _____

Fecha _____

Vocabulary Check, Sheet 2

Tear out this page. Write the Spanish words on the lines. Fold the paper along the dotted line to see the correct answers so you can check your work.

close (to), near _____

far (from) _____

to live _____

apartment _____

kitchen _____

dining room _____

home office _____

stairs, stairway _____

garage _____

ground floor _____

second floor _____

third floor _____

living room _____

basement _____

to straighten up the room _____

to help _____

to cook _____

to cut the lawn _____

Fold In →

Tear out this page. Write the English words on the lines. Fold the paper along the dotted line to see the correct answers so you can check your work.

dar de comer   _____
al perro

hacer la cama   _____

lavar los platos   _____

limpiar el baño   _____

                       _____

pasar la   _____
aspiradora

poner la mesa   _____

los quehaceres   _____

quitar el polvo   _____

sacar la basura   _____

                       _____

limpio, limpia   _____

sucio, sucia   _____

bastante   _____

el dinero   _____

recibir   _____

Fold In

Tear out this page. Write the Spanish words on the lines. Fold the paper along
the dotted line to see the correct answers so you can check your work.

to feed the dog _____

_____

to make the bed _____

to wash the dishes _____

to clean the
bathroom _____

to vacuum _____

_____

to set the table _____

chores _____

to dust _____

to take out
the trash _____

clean _____

dirty _____

enough; rather _____

money _____

to receive _____

Fold In

To hear a complete list of the vocabulary for this chapter,
go to Disc 2, Track 4 on the Guided Practice Audio CD, or
go to www.phschool.com and type in the Web Code jcd-0699.
Then click on **Repaso del capítulo.**

Affirmative *tú* commands (p. 305)

- **Tú** commands are used to tell friends, family members, or peers to do something.
- **Tú** command forms are the same as the regular present-tense forms for **Ud./él/ella.**

Infinitive	*Ud./él/ella* form	Affirmative *tú* command
-ar verb: **hablar**	habla	**¡Habla!**
-er verb: **leer**	lee	**¡Lee!**
-ir verb: **escribir**	escribe	**¡Escribe!**

- Two verbs you have learned already, **hacer** and **poder**, have irregular affirmative **tú** command forms:

     poner → **pon**   **¡Pon** la mesa!

     hacer → **haz**   **¡Haz** la cama!

- You can tell the difference between a command form and an **Ud., él,** or **ella** verb form from the context of the sentence. A comma after the person's name indicates they are being talked to directly. Possessive adjectives can also help you decide if the person is being addressed directly (**tu**) or referred to in the third person (**su**).

     Marcos lee **su** libro. (**él** verb form)

     Marcos, lee **tu** libro. (command form)

A. Circle the command form in each sentence.

1. María, habla con tu hermano, por favor.
2. Tomasina, escribe tu tarea.
3. Marcos, come el almuerzo.
4. Silvia, practica la guitarra.
5. Elena, haz la cama.
6. Sandra, pon la mesa.
7. Alfonso, lee el libro.
8. Carlos, lava el coche.

B. Now look at each sentence. Write **C** if the verb is a command form. Write **no** if it is not a command form. Follow the models.

Modelos   Javier estudia en su dormitorio.   _no_

           Javier, estudia en tu dormitorio.   _C_

1. Alfonso lee el libro. _____
2. Paula, ayuda a tu madre. _____
3. Roberto escucha a su madre. _____
4. Pablo hace la tarea. _____
5. Ana, lava los platos. _____
6. Isa juega con su hermana. _____
7. David, limpia la casa. _____
8. Elena, pon la mesa. _____

Realidades ①

Capítulo 6B

Nombre _____

Hora _____

Fecha _____

Guided Practice Activities 6B-2

Affirmative *tú* commands *(continued)*

C. Circle the correct form of the verb to complete each sentence.

1. ¡(**Plancha / Planchan**) la ropa, por favor!

2. Gerardo, (**prepara / preparas**) la comida, por favor.

3. Alberto, (**hace / haz**) la tarea ahora.

4. Rosa, (**pone / pon**) los platos en la mesa, por favor.

5. ¡(**Lavas / Lava**) el coche, por favor!

6. Linda, (**juega / juegas**) con tu hermana esta tarde.

D. Write the affirmative **tú** command forms to complete the following conversations. Follow the model.

Modelo   RAÚL: Ana, (**poner**) ____*pon*____ los libros en la mesa.

           ANA: Sí, pero (**tomar**) ____*toma*____ mi mochila.

1. SEBASTIÁN: Roberto, (**lavar**) _____ los platos, por favor.

    ROBERTO: Claro. (**Traer**) _____ los platos sucios aquí.

2. TERESA: Susana, (**preparar**) _____ el almuerzo.

    SUSANA: Sí, pero (**hablar**) _____ con mamá para ver qué necesitamos.

3. EDUARDO: Elena, (**hacer**) _____ los quehaceres.

    ELENA: Claro. (**Escribir**) _____ una lista.

4. ISABEL: Margarita, (**planchar**) _____ la ropa, por favor.

    MARGARITA: Claro, pero (**sacar**) _____ la plancha, por favor.

E. Write **tú** command forms to complete each sentence. Use verbs from the list.

hacer	lavar	poner	sacar

1. ¡_____ la basura!

2. ¡_____ el coche!

3. ¡_____ la mesa!

4. ¡_____ la cama!

Go Online WEB CODE jcd-0613
PHSchool.com

The present progressive tense (p. 308)

- Use the present progressive tense to say what people are doing or what is happening right now.

    Estamos lavando el coche.   *We are washing the car.*

- The present progressive tense uses forms of **estar** with the present participle.

- Review the forms of **estar**:

yo	estoy	nosotros/nosotras	**estamos**
tú	estás	vosotros/vosotras	**estáis**
usted/él/ella	está	ustedes/ellos/ellas	**están**

- You form the present participle for **-ar** verbs by removing the **-ar** ending and adding **-ando: preparar → preparando, hablar → hablando.**

- You form the present participle for **-er** and **-ir** verbs by removing the **-er** or **-ir** ending and adding **-iendo: comer → comiendo, escribir → escribiendo.**

- The forms of **estar** change to match the subject of the sentence. The present participle always stays the same, regardless of who the subject is.

    Francisco <u>está</u> <u>limpiando</u> la mesa.   *Francisco is cleaning the table.*

    Tú y yo <u>estamos</u> <u>limpiando</u> el baño.   *We are cleaning the bathroom.*

A. Look at each sentence. Underline the form of **estar**. Circle the present participle. Follow the model.

Modelo   Enrique <u>está</u> (lavando) los platos.

1. Tú y yo estamos pasando la aspiradora.

2. Mis abuelos están cortando el césped.

3. Mi hermana está quitando el polvo en la sala.

4. Yo estoy dando de comer al perro.

5. Ustedes están sacando la basura de la cocina.

6. Tú estás poniendo la mesa con los platos limpios.

7. Ella está haciendo las camas del segundo piso.

B. Complete each sentence with the appropriate form of **estar**.

1. Yo _____ poniendo la mesa.

2. Tú _____ sacando la basura.

3. Ella _____ lavando la ropa.

4. Nosotros _____ preparando el almuerzo.

5. Ustedes _____ cortando el césped.

The present progressive tense *(continued)*

C. Write the present participles of the verbs shown. Follow the models. Remember to use **-ando** for **-ar** verbs and **-iendo** for **-er** and **-ir** verbs.

Modelos   ayudar   _____ayudando_____

hacer   _____haciendo_____

escribir   _____escribiendo_____

1. dar _____
2. abrir _____
3. comer _____
4. romper _____

5. sacar _____
6. lavar _____
7. jugar _____
8. poner _____

D. Look at the drawing. Then write forms of the present progressive (**estar** + present participle) to complete each sentence. Follow the models.

Modelos   Graciela (**dar**) _____está dando_____ de comer al perro.

Lola y Elia (**hablar**) _____están hablando_____ .

1. El padre (**sacar**) _____ la basura.
2. La madre (**cocinar**) _____ unas hamburguesas.
3. Ana María (**cortar**) _____ el césped.
4. Manolo y José (**lavar**) _____ el coche.
5. Tito y Ramón (**poner**) _____ la mesa.

Go Online WEB CODE jcd-0614
PHSchool.com

Lectura: Cantaclara (pp. 312–313)

A. The reading in your textbook is similar to the story of Cinderella. Write four facts that you can remember about the Cinderella story in the spaces below. If you are not familiar with the story you will need to find out from someone who is.

1. _____
2. _____
3. _____
4. _____

B. Skim through the reading and the pictures in your textbook to find similarities between the story of Cantaclara and Cinderella. Check off any similarities in your list above.

C. Since you know that the story in your textbook is like the story of Cinderella, you know that Cantaclara lives with her stepmother and two stepsisters. Below is a dialogue with all four of them. Read the dialogue and answer the questions that follow.

> –Cantaclara, saca la basura. Y después, pon la mesa –dice la madrastra.
>
> –Cantaclara, haz mi cama y limpia el baño –dice Griselda.
>
> –Haz mi cama también –dice Hortencia.
>
> –Un momento. Estoy lavando los platos ahora mismo –dice Cantaclara.

1. Circle the names of the four people who are speaking.

2. How is a dialogue written differently in Spanish than in English?

_____

3. Which person does NOT say she wants Cantaclara to make her bed?

_____

D. Now, read what takes place at the end of the story. Answer the questions in English that follow.

> Son las ocho de la noche. La madrastra y las dos hermanastras están en la sala y ven su programa favorito. Pero, ¿qué es esto? ¡Ven a Cantaclara en la pantalla!
>
> –Mira, mamá. ¡Es Cantaclara! –dice Hortencia.
>
> –¡Oh, no! Si Cantaclara es la nueva estrella del futuro, ¿quién va a hacer los quehaceres? –pregunta Griselda.

1. At what time do the stepmother and stepsisters sit down to watch their

   favorite show? _____

2. Whom do they see on TV? _____

3. What problem does Griselda think of at the end? _____

_____

Realidades 1

Capítulo 6B

Nombre _____

Hora _____

Fecha _____

Guided Practice Activities 6B-6

Presentación escrita (p. 315)

Task: Pretend that your family is selling their house, apartment, or that you are selling an imaginary dream home. Create a flyer in Spanish to promote the sale of your home.

❶ **Prewrite.** You are going to prepare an informative flyer about your home. In order to provide the most information to potential buyers, you will need to anticipate their questions. Read the potential questions below and write answers about your home in the spaces provided.

a) En general, ¿cómo es la casa o apartamento? (¿Es grande o pequeño?)

_____.

b) ¿De qué color es la casa o apartamento?

_____.

c) ¿Cuántos cuartos hay en la casa o apartamento? ¿Cuáles son?

_____.

d) ¿Cómo son los cuartos? (¿grandes o pequeños?)

_____.

e) ¿De qué color son los cuartos?

_____.

f) ¿Cuál es la dirección (*address*) y el precio (*price*) de la casa o apartamento?

_____.

❷ **Draft.** Now, compile the answers you wrote above on a separate sheet of paper to create your rough draft. Organize your answers in a way that will be easy for anyone to read. Your flyer should also include illustrations and colored ink to make it more attractive to potential buyers. The first line on your flyer should read: **Se vende casa** (or **Se vende apartamento**).

❸ **Revise.** Read through your ad to see that you have included all the information that a potential buyer might want. Share your draft with a partner who will check the following:

_____ Are all words spelled correctly?

_____ Is the flyer neat and attractive?

_____ Does the flyer need a visual?

_____ Is the key information provided?

_____ Does the flyer make me want to look at the property?

❹ **Publish.** Write a new, final copy of your flyer making any necessary corrections or adding to it anything your partner suggested.

Realidades ①

Nombre _____

Hora _____

Capítulo 7A

Fecha _____

Vocabulary Flash Cards, Sheet 1

Write the Spanish vocabulary word below each picture. If there is a word or phrase, copy it in the space provided. Be sure to include the article for each noun.

_____	_____	_____
_____	_____	_____
_____	_____	_____

Realidades

Capítulo 7A

Nombre _____

Hora _____

Fecha _____

Vocabulary Flash Cards, Sheet 2

_____

_____

_____

_____

_____

_____

_____

_____

_____

_____

_____

_____

_____

_____

_____

_____

_____

_____

Realidades 1

Capítulo 7A

Nombre _____

Hora _____

Fecha _____

Vocabulary Flash Cards, Sheet 3

buscar

la
tienda

comprar

la tienda
de ropa

entrar

¿En qué
puedo
servirle?

llevar

nuevo, nueva	Me queda(n) mal.	¡Vamos!
_____ , _____	_____ _____ _____	_____
¿Cómo te queda(n)?	quizás	costar
_____ _____	_____	_____
Me queda(n) bien.	Perdón.	¿Cuánto cuesta(n)...?
_____ _____ _____	_____	_____ _____

Realidades 1

Capítulo 7A

Nombre _____

Fecha _____

Hora _____

Vocabulary Flash Cards, Sheet 5

el precio	trescientos, trescientas	seiscientos, seiscientas
_____ _____	_____, _____	_____, _____
tanto	cuatrocientos, cuatrocientas	setecientos, setecientas
_____	_____, _____	_____, _____
doscientos, doscientas	quinientos, quinientas	ochocientos, ochocientas
_____, _____	_____, _____	_____, _____

Realidades ❶

Capítulo 7A

Nombre _____

Hora _____

Fecha _____

Vocabulary Flash Cards, Sheet 6

novecientos, novecientas	**los dos**	**estos, estas**
_____, _____	_____ _____	_____, _____
mil	**las dos**	**ese, esa**
_____	_____ _____	_____, _____
tener razón	**este, esta**	**esos, esas**
_____ _____	_____, _____	_____, _____

Tear out this page. Write the English words on the lines. Fold the paper along the dotted line to see the correct answers so you can check your work.

buscar   _____

comprar   _____

el dependiente,
la dependienta   _____

entrar   _____

la tienda de ropa   _____

el abrigo   _____

la blusa   _____

las botas   _____

los calcetines   _____

la camiseta   _____

la chaqueta   _____

la falda   _____

la gorra   _____

los jeans   _____

los pantalones
cortos   _____

la sudadera   _____

el suéter   _____

Fold In

Realidades ❶

Capítulo 7A

Nombre _____

Fecha _____

Hora _____

Vocabulary Check, Sheet 2

Tear out this page. Write the Spanish words on the lines. Fold the paper along the dotted line to see the correct answers so you can check your work.

to look for _____

to buy _____

salesperson _____

_____

to enter _____

clothing store _____

coat _____

blouse _____

boots _____

socks _____

T-shirt _____

jacket _____

skirt _____

cap _____

jeans _____

shorts _____

_____

sweatshirt _____

sweater _____

Fold In ←

Realidades ❶

Capítulo 7A

Nombre _____

Hora _____

Fecha _____

Vocabulary Check, Sheet 3

Tear out this page. Write the English words on the lines. Fold the paper along
the dotted line to see the correct answers so you can check your work.

el traje de baño   _____

el vestido   _____

los zapatos   _____

llevar   _____

nuevo, nueva   _____

costar   _____

el precio   _____

doscientos   _____

trescientos   _____

cuatrocientos   _____

quinientos   _____

seiscientos   _____

setecientos   _____

ochocientos   _____

novecientos   _____

mil   _____

tener razón   _____

Fold In

Realidades 1

Capítulo 7A

Nombre _____

Hora _____

Fecha _____

Vocabulary Check, Sheet 4

Tear out this page. Write the Spanish words on the lines. Fold the paper along the dotted line to see the correct answers so you can check your work.

swimsuit _____

dress _____

shoes _____

to wear _____

new _____

to cost _____

price _____

two hundred _____

three hundred _____

four hundred _____

five hundred _____

six hundred _____

seven hundred _____

eight hundred _____

nine hundred _____

a thousand _____

to be correct _____

Fold In

To hear a complete list of the vocabulary for this chapter, go to Disc 2, Track 5 on the Guided Practice Audio CD, or go to www.phschool.com and type in the Web Code jcd-0789. Then click on **Repaso del capítulo.**

Stem-changing verbs: *pensar, querer,* and *preferir* (p. 330)

- Like the other stem-changing verbs you've learned (**jugar, poder,** and **dormir**), **pensar, querer,** and **preferir** use the regular present-tense endings. These endings attach to a new stem for all forms except for the **nosotros** and **vosotros** forms, which use the existing stem.

- Here are the forms of **pensar, querer,** and **preferir**. Note that in all cases, the **e** in the stem changes to **ie**.

yo	**pienso**	nosotros/nosotras	**pensamos**
tú	**piensas**	vosotros/vosotras	**pensáis**
usted/él/ella	**piensa**	ustedes/ellos/ellas	**piensan**

yo	**quiero**	nosotros/nosotras	**queremos**
tú	**quieres**	vosotros/vosotras	**queréis**
usted/él/ella	**quiere**	ustedes/ellos/ellas	**quieren**

yo	**prefiero**	nosotros/nosotras	**preferimos**
tú	**prefieres**	vosotros/vosotras	**preferís**
usted/él/ella	**prefiere**	ustedes/ellos/ellas	**prefieren**

A. Circle the forms of **pensar, querer,** or **preferir** in each sentence. Then underline the stem in each verb you circled. The first one has been done for you.

1. (Prefieren) comprar unos zapatos.
2. Queremos ir de compras.
3. Pensamos ir a la tienda de ropa.
4. ¿Prefiere Ud. el vestido o la falda?

5. Pienso comprar una sudadera.
6. ¿Quieres hablar con la dependienta?
7. Preferimos ir a una tienda grande.
8. Quieren entrar en la tienda.

B. Now, write the forms of **pensar, querer,** and **preferir** that you circled in **part A** next to each subject pronoun.

1. ellos (preferir) _____
2. nosotros (querer) _____
3. nosotros (pensar) _____
4. Ud. (preferir) _____

5. yo (pensar) _____
6. tú (querer) _____
7. nosotros (preferir) _____
8. ellos (querer) _____

Stem-changing verbs *(continued)*

C. Circle the correct form of **pensar, querer,** or **preferir** to complete each sentence.

1. Yo (**quiere** / **quiero**) comprar unas botas nuevas.

2. Ella (**prefiere** / **prefieren**) los pantalones cortos a la falda.

3. Nosotros (**prefieren** / **preferimos**) ir de compras en una tienda grande.

4. Ellos (**pienso** / **piensan**) comprar dos abrigos nuevos.

5. Tú y yo (**pensamos** / **piensas**) buscar una tienda con precios buenos.

6. Ustedes (**quieres** / **quieren**) hablar con la dependienta.

7. Nosotros (**queremos** / **quieres**) entrar en la tienda de ropa.

8. Tú y yo no (**piensan** / **pensamos**) comprar ropa hoy.

D. Complete the sentences with forms of **pensar, querer,** or **preferir.** Follow the models.

Modelos   Tú (**pensar**) comprar un suéter.

Tú _____*piensas*_____ comprar un suéter.

Tú y yo (**preferir**) comprar el vestido azul.

Tú y yo _____*preferimos*_____ comprar el vestido azul.

1. Elena (**pensar**) comprar una sudadera.

   Elena _____ comprar una sudadera.

2. Sandra y yo (**querer**) ir a una tienda de ropa grande.

   Sandra y yo _____ ir a una tienda de ropa grande.

3. Yo (**preferir**) hablar con un dependiente.

   Yo _____ hablar con un dependiente.

4. Nosotras (**pensar**) que es un precio bueno.

   Nosotras _____ que es un precio bueno.

5. Tú (**querer**) entrar en una tienda de ropa grande.

   Tú _____ entrar en una tienda de ropa grande.

6. Tú y yo (**querer**) comprar unas camisetas nuevas.

   Tú y yo _____ comprar unas camisetas nuevas.

7. Tomás y Sebastián (**preferir**) no comprar ropa hoy.

   Tomás y Sebastián _____ no comprar ropa hoy.

8. Yo (**pensar**) comprar una gorra y un suéter.

   Yo _____ comprar una gorra y un suéter.

Go Online WEB CODE jcd-0704
PHSchool.com

Demonstrative adjectives (p. 332)

- Demonstrative adjectives are the equivalent of **this, that, these,** and **those** in English. You use them to point out nouns: **this hat, those shoes**.
- In Spanish, the demonstrative adjectives agree with the noun they accompany in both gender and number.

	Close		Farther away	
Singular masculine	este suéter	(*this* sweater)	ese suéter	(*that* sweater)
Singular feminine	esta falda	(*this* skirt)	esa falda	(*that* skirt)
Plural masculine	estos suéteres	(*these* sweaters)	esos suéteres	(*those* sweaters)
Plural feminine	estas faldas	(*these* skirts)	esas faldas	(*those* skirts)

A. Circle the demonstrative adjective in each sentence below. Write **C** next to the sentence if the object referred to is *close* (**este, esta, estos, estas**). Write **F** if the object referred to is *farther away* (**ese, esa, esos, esas**).

1. Me gustan estos zapatos. _____
2. Quiero comprar esas camisetas. _____
3. ¿Prefieres esta falda? _____
4. Esa camisa es muy bonita. _____
5. No me gustan esos vestidos. _____
6. ¿Te gustan estas chaquetas? _____

B. Circle the correct demonstrative adjective in each sentence.

1. ¿Cómo me quedan (**esto** / **estos**) pantalones?
2. Me gustan (**esas** / **esos**) sudaderas.
3. ¿Prefieres (**esta** / **este**) chaqueta?
4. Pienso comprar (**estos** / **este**) calcetines.
5. No me gusta (**ese** / **esa**) abrigo.
6. ¿Cómo me queda (**este** / **esta**) traje?
7. (**Eso** / **Esas**) botas son muy bonitas.
8. ¿Vas a comprar (**esos** / **esas**) pantalones cortos?

Demonstrative adjectives (continued)

C. Choose the correct form of the demonstrative adjective and write it next to each noun. Follow the models.

Close: este, esta, estos, estas   **Farther: ese, esa, esos, esas**

Modelos   calcetines (close): _____*estos*_____ calcetines

           camisa (farther): _____*esa*_____ camisa

1. abrigo (farther): _____ abrigo
2. botas (farther): _____ botas
3. jeans (close): _____ jeans
4. falda (close): _____ falda
5. traje de baño (close): _____ traje de baño
6. zapatos (farther): _____ zapatos
7. chaquetas (farther): _____ chaquetas
8. pantalones (close): _____ pantalones
9. vestido (farther): _____ vestido
10. suéter (close): _____ suéter

D. In each drawing below, the item of clothing that is larger is closer to you. The one that is smaller is farther away. Write the correct demonstrative adjective to indicate the item that is marked with an arrow. Follow the model.

Modelo  _____*esta*_____ camisa

1.  _____ pantalones   4.  _____ zapatos

2.  _____ sudaderas   5.  _____ abrigo

3.  _____ vestido

Go Online WEB CODE jcd-0703 PHSchool.com

Lectura: Tradiciones de la ropa panameña (pp. 336–337)

A. You will find out a lot about the contents of the reading in your textbook by looking at the title and the photos. In the spaces below, write three main topics that you would expect a reading on Panamanian culture to cover.

1. _____
2. _____
3. _____

B. Read the paragraph below on **polleras** and answer the questions that follow in Spanish.

> *Una tradición panameña de mucho orgullo (pride) es llevar el vestido típico de las mujeres, "la pollera". Hay dos tipos de pollera, la pollera montuna y la pollera de gala, que se lleva en los festivales.*

1. Según la lectura, ¿cómo se llama el vestido típico de las mujeres en Panamá?

_____

2. ¿Cuáles son los dos tipos de pollera?

_____ y _____

3. ¿Cuándo se lleva la pollera de gala? _____

C. Look through the reading in your textbook again to find whether the following statements are true or false. Then, circle **cierto** for true or **falso** for false.

1. **cierto   falso**   Hay un Día Nacional de la Pollera en la ciudad de Las Tablas.

2. **cierto   falso**   Las Tablas es famosa por ser el mejor lugar para celebrar los carnavales.

3. **cierto   falso**   El canal de Panamá conecta el océano Pacífico con el lago Titicaca.

4. **cierto   falso**   Panamá es un istmo.

5. **cierto   falso**   El segundo tipo de ropa auténtico de Panamá que se menciona es la gorra de Panamá.

Presentación oral (p. 339)

Task: You and a partner will play the roles of a customer and a salesclerk. The customer will look at various items in the store, talk with the clerk, and then decide if he or she would like to buy anything.

A. Work with a partner to prepare the skit. You will be the customer. You and your partner will need to discuss what type of clothing your store is selling. You will then need a name for your store and some samples of merchandise to use in your skit. You may bring in clothes or use cutouts from a magazine. Complete the following in the spaces below:

Type of clothing: _____

Store name: _____

B. Now, make a list below of five different expressions and questions that will help you play your role. You may want to look back in the *A primera vista* and *Videohistoria* sections in your textbook for ideas to help you get started.

1. _____
2. _____
3. _____
4. _____
5. _____

C. Work with your partner to put together and practice your presentation. Keep in mind the following things:

_____ to answer questions using complete sentences

_____ to speak clearly

_____ to keep the conversation going

_____ to finish the conversation at a logical point

D. When you present your skit, the clerk will begin the conversation. That means that you will need to respond as your first action. As your last action, you will need to decide whether or not to buy something. Your teacher will grade you based on the following:

- how well you keep the conversation going
- how complete your presentation is
- how well you use new and previously learned vocabulary

Realidades **1**

Capítulo 7B

Nombre _____

Fecha _____

Hora _____

Vocabulary Flash Cards, Sheet 1

Write the Spanish vocabulary word below each picture. If there is a word or phrase, copy it in the space provided. Be sure to include the article for each noun.

Realidades

Capítulo 7B

Nombre _____

Fecha _____

Hora _____

Vocabulary Flash Cards, Sheet 2

_____

_____

en la Red

_____

_____

_____

_____

_____

_____

_____

Realidades ❶

Capítulo 7B

Nombre _____

Hora _____

Fecha _____

Vocabulary Flash Cards, Sheet 3

	el novio	caro, cara
	la novia	mirar
	barato, barata	pagar (por)

Nombre _____

Hora _____

Fecha _____

vender	ayer	hace + *time* *expression*
_____	_____	_____ _____
anoche	la semana pasada	
_____	_____ _____ _____	_____ _____
el año pasado	¡Uf!	
_____ _____ _____	_____	_____ _____

Realidades ⬤1

Nombre _____

Hora _____

Capítulo 7B

Fecha _____

Vocabulary Check, Sheet 1

Tear out this page. Write the English words on the lines. Fold the paper along the dotted line to see the correct answers so you can check your work.

el almacén _____

_____

en la Red _____

la joyería _____

la librería _____

la tienda de descuentos _____

la tienda de electrodomésticos _____

la zapatería _____

el anillo _____

los anteojos de sol _____

los aretes _____

el bolso _____

la cadena _____

la cartera _____

el collar _____

la corbata _____

los guantes _____

el llavero _____

Fold In

Tear out this page. Write the Spanish words on the lines. Fold the paper along the dotted line to see the correct answers so you can check your work.

department
store   _____

online   _____

jewelry store   _____

bookstore   _____

discount store   _____

_____

household
appliance store   _____

shoe store   _____

ring   _____

sunglasses   _____

earrings   _____

purse   _____

chain   _____

wallet   _____

necklace   _____

tie   _____

gloves   _____

key chain   _____

Fold In →

Realidades **1**

Nombre _____

Hora _____

Capítulo 7B

Fecha _____

Vocabulary Check, Sheet 3

Tear out this page. Write the English words on the lines. Fold the paper along the dotted line to see the correct answers so you can check your work.

el perfume _____

la pulsera _____

el reloj pulsera _____

el software _____

el novio _____

la novia _____

barato, barata _____
_____

caro, cara _____

mirar _____

pagar (por) _____

vender _____

Fold In ←

Tear out this page. Write the Spanish words on the lines. Fold the paper along the dotted line to see the correct answers so you can check your work.

perfume   _____

bracelet   _____

watch   _____

software   _____

boyfriend   _____

girlfriend   _____

inexpensive, cheap   _____

expensive   _____

to look (at)   _____

to pay (for)   _____

to sell   _____

To hear a complete list of the vocabulary for this chapter, go to Disc 2, Track 6 on the Guided Practice Audio CD, or go to www.phschool.com and type in the Web Code jcd-0799. Then click on **Repaso del capítulo.**

Fold In

Realidades 1

Capítulo 7B

Nombre _____

Fecha _____

Hora _____

Guided Practice Activities 7B-1

The preterite of -ar verbs (p. 354)

- The preterite is a Spanish past tense that is used to talk about actions that were completed in the past: *I went to the store. I bought a jacket.*
- To form the preterite of **-ar** verbs, you take the stem of the verb (the same stem you used to form the present tense) and add the following endings:

hablar → habl- + endings

yo	habl**é**	nosotros/nosotras	habl**amos**
tú	habl**aste**	vosotros/vosotras	habl**asteis**
usted/él/ella	habl**ó**	ustedes/ellos/ellas	habl**aron**

- Notice the accents on the **yo** and **usted/él/ella** forms: **hablé, habló**.

A. Underline the preterite verb forms in the following conversations. **¡Ojo!** Not all the verb forms are preterite forms.

1. ELENA: ¿Hablaste con Enrique ayer?

ANA: Sí, hablamos por teléfono anoche. Él trabajó ayer.

ELENA: ¿Ah, sí? ¿Dónde trabaja?

ANA: Trabaja en un restaurante. Ayer lavó muchos platos y limpió las mesas.

2. MARCOS: ¿Estudiaste para el examen?

TOMÁS: Sí, estudié mucho, pero estoy nervioso.

MARCOS: Yo también. Pasé dos horas en la biblioteca.

TOMÁS: Yo estudié en casa y usé la computadora.

B. Now, fill in the conversations from **part A** with the missing preterite forms.

1. ELENA: ¿_____ con Enrique ayer?

ANA: Sí, _____ por teléfono anoche. Él _____ ayer.

ELENA: ¿Ah, sí? ¿Dónde trabaja?

ANA: Trabaja en un restaurante. Ayer _____ muchos platos

y _____ las mesas.

2. MARCOS: ¿_____ para el examen?

TOMÁS: Sí, _____ mucho, pero estoy nervioso.

MARCOS: Yo también. _____ dos horas en la biblioteca.

TOMÁS: Yo _____ en casa y _____ la computadora.

The preterite of -ar verbs (continued)

C. Circle the correct preterite form to complete each sentence.

1. Yo (**caminó** / **caminé**) por dos horas ayer.

2. Ellos (**hablaste** / **hablaron**) por teléfono anoche.

3. Nosotros (**cocinamos** / **cocinaron**) la cena.

4. Tú (**cantaron** / **cantaste**) en la ópera.

5. Ella (**escuchó** / **escucharon**) música en su dormitorio.

6. Ustedes (**levantaron** / **levantamos**) pesas en el gimnasio.

D. Write the missing preterite forms in the chart.

	cantar	bailar	escuchar	lavar	nadar
yo	canté				
tú		bailaste			
Ud./él/ella			escuchó		
nosotros/nosotras				lavamos	
Uds./ellos/ellas					nadaron

E. Write the correct preterite form of the verb indicated next to each subject pronoun. Follow the model.

Modelo tú (bailar) _____*bailaste*_____

1. yo (cantar) _____

2. ella (nadar) _____

3. Ud. (esquiar) _____

4. ellos (lavar) _____

5. nosotros (dibujar) _____

6. ellos (pasar) _____

7. tú (hablar) _____

8. yo (limpiar) _____

F. Use verbs from the list to say what you and your friends did last night.

> estudiar   trabajar   hablar por teléfono   bailar   cantar   cocinar
> escuchar música   esquiar   lavar la ropa   levantar pesas   limpiar el baño

1. Anoche yo _____.

2. Yo no _____.

3. Anoche mis amigos _____.

4. Nosotros no _____.

Go Online WEB CODE jcd-0713
PHSchool.com

The preterite of verbs ending in -*car* and -*gar* (p. 356)

- Verbs that end in **-car** and **-gar** use the same preterite endings as regular **-ar** verbs, except in the **yo** form.
- Here are the preterite forms of **buscar** (*to look for*) and **pagar** (*to pay*).

c → qu

yo	**busqué**	nosotros/nosotras	**buscamos**
tú	**buscaste**	vosotros/vosotras	**buscasteis**
usted/él/ella	**buscó**	ustedes/ellos/ellas	**buscaron**

g → gu

yo	**pagué**	nosotros/nosotras	**pagamos**
tú	**pagaste**	vosotros/vosotras	**pagasteis**
usted/él/ella	**pagó**	ustedes/ellos/ellas	**pagaron**

- Other verbs you know follow this pattern. **Jugar** is like **pagar (g → gu)**. **Practicar, sacar,** and **tocar** are like **buscar (c → qu)**.

A. Fill in the missing **yo** forms in the chart.

	buscar	pagar	jugar	practicar	sacar	tocar
yo						
tú	buscaste	pagaste	jugaste	practicaste	sacaste	tocaste
Ud./él/ella	buscó	pagó	jugó	practicó	sacó	tocó
nosotros/nosotras	buscamos	pagamos	jugamos	practicamos	sacamos	tocamos
Uds./ellos/ellas	buscaron	pagaron	jugaron	practicaron	sacaron	tocaron

B. Write the correct forms of the verb indicated next to each subject pronoun. Follow the model.

Modelo (pagar): tú _____*pagaste*_____

1. (pagar): ellos _____
2. (pagar): yo _____
3. (pagar): él _____
4. (jugar): tú y yo _____
5. (jugar): yo _____
6. (jugar): Uds. _____
7. (buscar): ellos _____

8. (buscar): yo _____
9. (practicar): yo _____
10. (practicar): tú _____
11. (sacar): Ud. _____
12. (sacar): yo _____
13. (tocar): yo _____
14. (tocar): tú y yo _____

Realidades 1

Capítulo 7B

Nombre _____

Hora _____

Fecha _____

Guided Practice Activities 7B-4

Direct object pronouns (p. 360)

- A direct object tells who or what receives the action of the verb:

  Busco una <u>cadena</u>.   *I am looking for a <u>chain</u>.*

- In the sentence above, **cadena** is the direct object noun.
- You can use a direct object pronoun to replace a direct object noun.
- The direct object pronoun must match the noun it replaces in both gender and number:

Compré <u>un suéter</u>.	→	**Lo** compré. (*masculine, singular*)
Compré <u>una falda</u>.	→	**La** compré. (*feminine singular*)
Compré <u>unos aretes</u>.	→	**Los** compré. (*masculine plural*)
Compré <u>unas pulseras</u>.	→	**Las** compré. (*feminine plural*)

- The direct object comes *before* a verb in the present tense or the preterite tense.

  Lo tengo aquí. (*I have **it** here.*)

  Lo compré anoche. (*I bought **it** last night.*)

A. Underline the direct object noun in each sentence.

1. Busco unos guantes nuevos.
2. La dependienta vendió el perfume.
3. Compré dos llaveros.
4. Llevamos nuestras carteras.
5. Compramos un collar.
6. Miramos unas corbatas.
7. Buscaron una cadena.
8. Preparé el almuerzo.

B. Write each noun you circled in **part A** on the following lines. Write **M** or **F** next to the noun, depending on whether it is masculine or feminine. Then write **S** or **P** next to that, depending on whether the noun is singular or plural. Follow the model.

Modelo	_____guantes_____	_M, P_

1. _____ ____
2. _____ ____
3. _____ ____
4. _____ ____

5. _____ ____
6. _____ ____
7. _____ ____

C. Now, write the correct direct object pronoun to replace each noun you wrote in **part B.** Follow the model.

Modelo	guantes, M, P:	_____Los_____	busqué.

1. _____ vendió.
2. _____ compré.
3. _____ llevamos.
4. _____ compramos.

5. _____ miramos.
6. _____ buscaron.
7. _____ preparé.

WEB CODE jcd-0715
PHSchool.com

Realidades 1

Capítulo 7B

Nombre _____

Fecha _____

Hora _____

Guided Practice Activities 7B-5

Lectura: ¡De compras! (pp. 364–365)

A. The reading in your textbook is about shopping in Hispanic communities of four different U.S. cities: New York, Miami, Los Angeles, and San Antonio. Use what you know about each area of the country and make a list of three items you would expect to find in Hispanic shopping centers in each city.

1. New York

    a) _____

    b) _____

    c) _____

2. Miami

    a) _____

    b) _____

    c) _____

3. Los Angeles

    a) _____

    b) _____

    c) _____

4. San Antonio

    a) _____

    b) _____

    c) _____

B. Now, look at the descriptions from the reading in your textbook and decide which city is being described. Write the name of the city in the space provided. Each city will be used once.

1. _____ Hay bodegas que venden productos típicos cubanos.

2. _____ En las joyerías de la calle Olvera, venden joyas de plata: aretes, collares, anillos y mucho más.

3. _____ En la calle 116, venden ropa, comida típica del Caribe, discos compactos, libros y mucho más.

4. _____ Es esta ciudad bonita, hay tiendas de artesanías mexicanas que son fabulosas.

C. The narrator from the reading in your textbook buys things in each city. Some items may have been on your list in **part A**. Look at the things below that the narrator bought. Write the name of the city for each in the spaces provided.

1. _____ una piñata

2. _____ una camiseta con la bandera de Puerto Rico

3. _____ pasta de guayaba

4. _____ un sarape

5. _____ una pulsera bonita

6. _____ una blusa bordada

Realidades 1

Capítulo 7B

Nombre _____

Hora _____

Fecha _____

Guided Practice Activities 7B-6

Presentación escrita (p. 367)

Task: Write a letter to a cousin or other relative about a gift you bought for a member of your family. Let the relative know what you bought so that he or she will not buy the same item.

❶ Prewrite. Think of a birthday gift you bought for a family member's birthday. It could be current or in the past. Answer the following questions about the gift to help organize your thoughts. Use complete sentences when you answer.

1. ¿Para quién es el regalo? _____

2. ¿Qué compraste? _____

3. ¿Dónde compraste el regalo? _____

4. ¿Por qué compraste ese regalo? _____

5. ¿Cuánto pagaste por el regalo? _____

❷ Draft. Use the form below to write a rough draft of your letter. Include all of the information you wrote in your answers in **part 1**. Look in your textbook for a model to help you.

Querido(a) _____:
       (*name of the relative you are writing to*)

Compré _____ para _____.

Lo compré en _____.

Creo que _____.

Pagué _____.

Tu _____,
    (*your relationship to the person*)

_____
      (*your name*)

❸ Revise. Read your letter again before you give it to a partner to review. Your teacher will check:

- how easy the letter is to understand
- how much information is included about the gift
- how appropriate the greeting and closing are
- the accuracy of the use of the preterite

Realidades ❶

Nombre _____

Hora _____

Capítulo 8A

Fecha _____

Vocabulary Flash Cards, Sheet 1

Write the Spanish vocabulary word below each picture. If there is a word or phrase, copy it in the space provided. Be sure to include the article for each noun.

la ciudad _____	**el mar** _____	**el país** _____
_____	_____	_____
_____	_____	_____

el
animal

el
árbol

el
oso

la
atracción

aprender (a)		tomar el sol
_____	_____	_____
bucear	montar a caballo	visitar
_____	_____	_____
comprar recuerdos		el lugar
_____	_____	_____

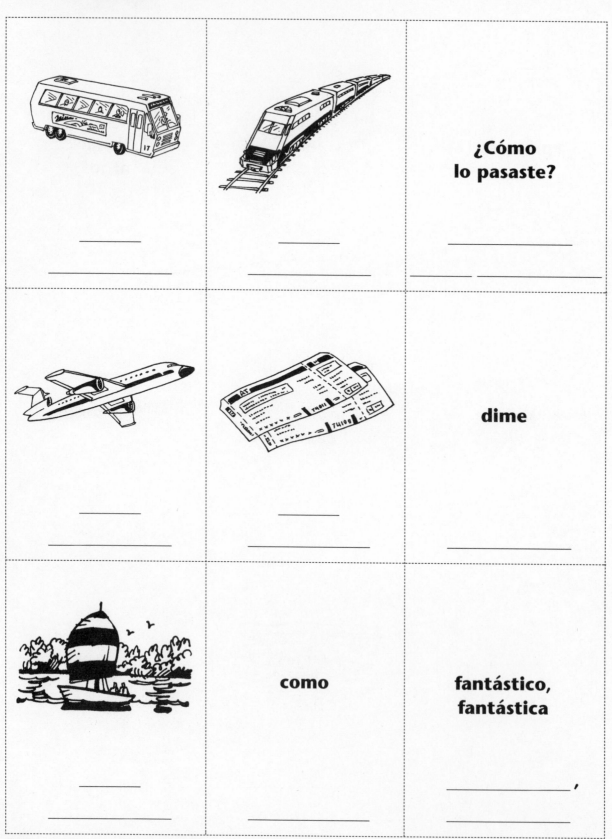

¿Cómo
lo pasaste?

_____

_____

_____

dime

_____

_____

_____

como

fantástico,
fantástica

_____

_____ ,

_____

_____

Fue un desastre.

___ ___ ___

_____

ir de vacaciones

___ ___ ___

_____

¿Qué te pasó?

_____

_____

el hotel

_____

_____

Me gustó.

_____

_____

regresar

_____

impresionante

_____

¿Qué hiciste?

_____

_____

salir

_____

Realidades **1**

Capítulo 8A

Nombre _____

Fecha _____

Hora _____

Vocabulary Flash Cards, Sheet 6

¿Te
gustó?

_____

_____

¿Viste...?

_____

durante

_____

tremendo,
tremenda

_____ ,

_____

viajar

_____

tarde

_____

vi

_____

el
viaje

_____

_____

temprano

_____

Realidades 1

Nombre _____

Hora _____

Capítulo 8A

Fecha _____

Vocabulary Check, Sheet 1

Tear out this page. Write the English words on the lines. Fold the paper along the dotted line to see the correct answers so you can check your work.

la ciudad _____

el estadio _____

el lago _____

el mar _____

el monumento _____

el museo _____

el país _____

el parque de
diversiones _____

el parque
nacional _____

la obra de
teatro _____

el zoológico _____

el árbol _____

el mono _____

el oso _____

el pájaro _____

aprender (a) _____

Fold In

Realidades 1

Capítulo 8A

Nombre _____

Hora _____

Fecha _____

Vocabulary Check, Sheet 2

Tear out this page. Write the Spanish words on the lines. Fold the paper along the dotted line to see the correct answers so you can check your work.

city _____

stadium _____

lake _____

sea _____

monument _____

museum _____

country _____

amusement park _____

national park _____

_____

play _____

_____

zoo _____

tree _____

monkey _____

bear _____

bird _____

to learn _____

Fold In

Realidades ❶

Nombre _____

Hora _____

Capítulo 8A

Fecha _____

Vocabulary Check, Sheet 3

Tear out this page. Write the English words on the lines. Fold the paper along the dotted line to see the correct answers so you can check your work.

bucear _____
_____

recuerdos _____

descansar _____

montar a caballo _____
_____

pasear en bote _____

tomar el sol _____

el autobús _____

el avión _____

el barco _____

el tren _____

ir de vacaciones _____
_____

regresar _____

salir _____
_____

viajar _____

el viaje _____

Fold In ←

Tear out this page. Write the Spanish words on the lines. Fold the paper along the dotted line to see the correct answers so you can check your work.

to scuba dive/   _____
snorkel

souvenirs   _____

to rest, to relax   _____

to ride   _____
horseback   _____

to go boating   _____

to sunbathe   _____

bus   _____

airplane   _____

boat, ship   _____

train   _____

to go on   _____
vacation   _____

to return   _____

to leave,   _____
to get out

to travel   _____

trip   _____

To hear a complete list of the vocabulary for this chapter, go to Disc 2, Track 7 on the Guided Practice Audio CD, or go to www.phschool.com and type in the Web Code jcd-0889. Then click on **Repaso del capítulo.**

Fold In

The preterite of *-er* and *-ir* verbs (p. 383)

- Regular **-er** and **-ir** verbs have their own set of preterite (past-tense) endings, just as they do in the present tense.

- The preterite endings for regular **-er** and **-ir** verbs are exactly the same.

comer → com- + endings			
yo	**comí**	nosotros/nosotras	**comimos**
tú	**comiste**	vosotros/vosotras	**comisteis**
usted/él/ella	**comió**	ustedes/ellos/ellas	**comieron**

escribir → escrib- + endings			
yo	**escribí**	nosotros/nosotras	**escribimos**
tú	**escribiste**	vosotros/vosotras	**escribisteis**
usted/él/ella	**escribió**	ustedes/ellos/ellas	**escribieron**

- Like regular **-ar** verbs in the preterite, regular **-er** and **-ir** verbs have an accent at the end of the **yo** and **usted/él/ella** forms: **comí, escribió.**

A. Write the missing preterite forms in the chart.

	comer	escribir	aprender	salir	correr
yo	comí				
tú		escribiste			
Ud./él/ella			aprendió		
nosotros/nosotras				salimos	
Uds./ellos/ellas					corrieron

B. Circle the correct preterite form to complete each sentence.

1. Sofía (**comí / comió**) en un restaurante mexicano.

2. Ellos (**escribimos / escribieron**) una tarjeta a sus abuelos.

3. Tú (**aprendiste / aprendió**) a hablar español.

4. Yo (**salí / saliste**) para el trabajo.

5. Tú y yo (**corrieron / corrimos**) en el parque anoche.

6. Marta y Marcos (**comió / comieron**) el almuerzo en la cafetería.

7. Yo (**aprendí / aprendió**) a montar en monopatín.

8. Usted (**salió / salieron**) después de las clases.

Realidades 1

Capítulo 8A

Nombre _____

Fecha _____

Hora _____

Guided Practice Activities 8A-2

The preterite of -er and -ir verbs (continued)

C. Complete the following sentences with the correct form of the verb in parentheses. Follow the model.

Modelo Tú (comer) ____comiste____ en la cafetería.

1. Nosotros (escribir) _____ unas tarjetas.

2. Tú (aprender) _____ a esquiar.

3. Yo (correr) _____ en el parque.

4. Ellos (salir) _____ de la escuela a las tres.

5. Ud. (comer) _____ una hamburguesa.

6. Nosotros (ver) _____ un video anoche.

7. Ustedes (compartir) _____ una pizza.

8. Tú y yo (aprender) _____ a montar en monopatín.

9. Yo (vivir) _____ en un apartamento.

10. Ella (comprender) _____ la lección de ayer.

D. Use verbs from the list to say what you and your friends did last week.

| aprender a | comer | compartir | escribir |
| ver | salir de | salir con | correr |

1. Yo _____.

2. Yo no _____.

3. Mis amigos y yo _____.

4. Mis amigos y yo no _____.

Go Online WEB CODE jcd-0803 PHSchool.com

Realidades ❶

Capítulo 8A

Nombre _____

Fecha _____

Hora _____

Guided Practice Activities 8A-3

The preterite of *ir* (p. 385)

- **Ir** (*to go*) is an irregular verb in the present tense. It is also irregular in the preterite tense. Here are the preterite forms of **ir**.

yo	**fui**	nosotros/nosotras	**fuimos**
tú	**fuiste**	vosotros/vosotras	**fuisteis**
usted/él/ella	**fue**	ustedes/ellos/ellas	**fueron**

- The preterite forms of **ir** are the same as the preterite forms of the verb **ser** (*to be*). You can tell which verb is meant by the meaning of the sentence.

  Marcos **fue** a Nueva York.   *Marcos **went** to New York.*

  Fue un viaje fabuloso.   *It **was** a fabulous trip.*

A. Add the correct ending onto the preterite stem of **ir** to create its complete preterite form. Then rewrite the complete form. Follow the model.

Modelo   yo fu*i*___   _____*fui*_____

1. yo fu_____   _____
2. tú fu_____   _____
3. ella fu_____   _____
4. nosotros fu_____   _____
5. ellos fu_____   _____
6. ustedes fu_____   _____

B. Circle the correct form of **ir** to complete each sentence.

1. Yo (**fue** / **fui**) a la tienda de ropa.
2. Ellos (**fueron** / **fuiste**) al estadio de béisbol.
3. Tú (**fueron** / **fuiste**) a un parque nacional.
4. Nosotros (**fuimos** / **fueron**) al parque de diversiones.
5. Ud. (**fui** / **fue**) al teatro.
6. Uds. (**fuiste** / **fueron**) a la ciudad para comprar ropa.
7. Tú y yo (**fuimos** / **fuiste**) al mar para bucear.

C. Complete each sentence by writing in the correct form of **ir**.

1. Yo _____ a un lugar muy bonito.
2. Tú _____ al estadio de fútbol americano.
3. Ella _____ al lago para pasear en bote.
4. Nosotros _____ a la playa para tomar el sol.
5. Ellos _____ al teatro para ver una obra de teatro.
6. Ud. _____ al monumento en el parque nacional.

The personal *a* (p. 387)

- You have learned to identify the direct object of a sentence. The direct object tells who or what receives the action of the verb.

  Compré <u>un anillo</u>.   *I bought <u>a ring</u>.*

  Vi <u>una obra de teatro</u>.   *I saw <u>a play</u>.*

- When the direct object is a person, a group of people, or a pet, you use **a** in front of the direct object. This use of the personal **a** has no equivalent in English and is not translated.

  Vi <u>un video</u>.   *I saw <u>a video</u>.*

  Vi **a mi abuela**.   *I saw <u>my grandmother</u>.*

  Vi **a mi perro León**.   *I saw <u>my dog León</u>.*

A. Underline the direct object in each sentence.

1. Vi un video.
2. Escribo una carta.
3. Visitaron a su familia.
4. Comimos una pizza.
5. Compraste una corbata.
6. Buscamos a nuestro perro.

B. Now, go look at each sentence from **part A** and write **P** next to those that refer to people or pets.

1. Vi un video. _____
2. Escribo una carta. _____
3. Visitaron a su familia. _____
4. Comimos una pizza. _____
5. Compraste una corbata. _____
6. Buscamos a nuestro perro. _____

C. Look at the sentences above in **part B** that you labeled with a **P**. Circle the personal **a** in each of those sentences.

D. Look at each sentence. If it requires a personal **a**, circle the **a** in parentheses. If it does not require a personal **a**, cross out the **a** in parentheses.

1. Compramos (a) un traje de baño y unos anteojos de sol.
2. Yo vi (a) un monumento grande en el parque nacional.
3. Escribimos muchas tarjetas (a) nuestros primos.
4. Visité (a) mi familia durante las vacaciones.
5. Lavaron (a) su perro Fifí.
6. Buscamos (a) una tienda de ropa buena.
7. Compré (a) un boleto de avión ayer.
8. Busqué (a) mi hermano menor en el parque de atracciones.

Go **O**nline WEB CODE jcd-0805
PHSchool.com

Lectura: Álbum de mi viaje a Perú (pp. 390–391)

A. Sometimes you can use clues from the context of what you are reading to help discover the meaning of the word. Try to find the meaning of the five words listed below by using context clues from the reading in your textbook. Write in the English equivalent of each word in the space provided.

1. antigua _____
2. impresionantes _____
3. altura _____
4. construyeron _____
5. nivel _____

B. The reading in your textbook is a journal entry from a trip to Perú by the author Sofía Porrúa. Each day that she writes in the journal, she is in a different location. Choose the location from the word bank and write it next to the day to which it corresponds.

Cuzco	Machu Picchu	sobre las líneas de Nazca	en el lago Titicaca	Lima

1. domingo, 25 de julio _____
2. miércoles, 28 de julio _____
3. jueves, 29 de julio _____
4. sábado, 31 de julio _____
5. miércoles, 4 de agosto _____

C. In the first log entry, Sofía mentions her two companions, Beto and Carmen. Read the passage below about these two friends and answer the questions that follow.

Beto está sacando muchas fotos con su cámara digital. Carmen está dibujando todo lo que ve. Las montañas son fantásticas.

1. Sofía is capturing the trip by keeping a journal. How is Beto capturing the trip? _____ And Carmen? _____

2. What is Beto using to capture the trip? _____
   What do you think Carmen is using? _____

Realidades ①

Capítulo 8A

Nombre _____

Fecha _____

Hora _____

Guided Practice Activities 8A-6

Presentación oral (p. 393)

Task: You will talk about a trip you took. It can be a real or an imaginary trip. Use photographs or drawings to make your talk more interesting.

A. Think about the specifics of your trip. Answer the questions below in Spanish with as much detail as you can think of. Use complete sentences.

1. ¿Cuándo fuiste de viaje? _____
   _____

2. ¿Qué hiciste en tu viaje? _____
   _____

3. ¿Qué lugares visitaste? _____
   _____

4. ¿A quiénes viste? _____
   _____

5. ¿Compraste algo? _____ ¿Qué compraste? _____
   _____

B. You will need to create a visual presentation to go along with your talk. You can bring in actual photos or you can create drawings of a trip. Organize and attach your drawings or photos to a piece of posterboard. A good way to do this would be to put them in order of when they happened, going from the top to the bottom of the page.

C. Read the following model before you write up the script for your talk. Notice that you should add how you felt about the trip at the end.

> *En marzo de este año, fui a Florida para visitar a mi abuelita y a mis primos. Tomamos el sol en la playa y nadamos mucho. Aprendí a bucear y vi animales muy interesantes en el mar. Me gusta mucho Florida. Es un lugar fantástico. El viaje fue muy divertido.*

D. Now, write what you are going to say about your trip on the lines below. Remember to refer back to your photos or drawings.

_____

_____

_____

_____

Write the Spanish vocabulary word below each picture. If there is a word or phrase, copy it in the space provided. Be sure to include the article for each noun.

_____ _____ _____

_____ _____ _____

_____ _____ _____

Realidades

Capítulo 8B

Nombre _____

Hora _____

Fecha _____

Vocabulary Flash Cards, Sheet 2

llevar _____	**usado, usada** _____ , _____	 _____
recoger _____	**reciclar** _____	**la comunidad** _____
separar _____	**el barrio** _____ _____	 _____

Realidades

Capítulo 8B

Nombre _____

Fecha _____

Hora _____

Vocabulary Flash Cards, Sheet 3

**la
anciana**

_____

_____

**la
gente**

_____

_____

**el
anciano**

_____

_____

**los
demás**

_____

_____

_____

_____

Realidades **1**

Capítulo 8B

Nombre _____

Fecha _____

Hora _____

Vocabulary Flash Cards, Sheet 4

la
niña

los
niños

pobre

el
trabajo
voluntario

el
niño

el
problema

el voluntario,
la voluntaria

Realidades **1**

Capítulo 8B

Nombre _____

Fecha _____

Hora _____

Vocabulary Flash Cards, Sheet 5

a menudo _____ _____	**la experiencia** _____	**inolvidable** _____
decidir _____	**Hay que...** _____	**¿Qué más?** _____ _____
Es necesario. _____ _____	**increíble** _____	**la vez** _____ _____

Nombre _____

Hora _____

Fecha _____

**otra
vez**

_____

_____

_____

_____

decir

_____

_____

_____

_____

_____

_____

_____

_____

_____

_____

_____

_____

Realidades **1**

Capítulo 8B

Nombre _____

Hora _____

Fecha _____

Vocabulary Check, Sheet 1

Tear out this page. Write the English words on the lines. Fold the paper along the dotted line to see the correct answers so you can check your work.

la bolsa _____

la botella _____

la caja _____

el cartón _____

el centro de reciclaje _____ _____

la lata _____

llevar _____ _____

el periódico _____

el plástico _____

reciclar _____

recoger _____ _____

separar _____

usado, usada _____

el vidrio _____

el barrio _____

la calle _____

la comunidad _____

Fold In

Realidades ❶

Capítulo 8B

Nombre _____

Hora _____

Fecha _____

Vocabulary Check, Sheet 2

Tear out this page. Write the Spanish words on the lines. Fold the paper along the dotted line to see the correct answers so you can check your work.

bag, sack _____

bottle _____

box _____

cardboard _____

recycling center _____
_____

can _____

to take; to carry _____

newspaper _____

plastic _____

to recycle _____

to collect; to gather _____

to separate _____

used _____

glass _____

neighborhood _____

street, road _____

community _____

Fold In →

Tear out this page. Write the English words on the lines. Fold the paper along the dotted line to see the correct answers so you can check your work.

el jardín   _____

el río   _____

los ancianos   _____

el campamento   _____

los demás   _____

la escuela primaria   _____

la gente   _____

el juguete   _____

los niños   _____

pobre   _____

el proyecto de   _____
construcción   _____

el trabajo   _____
voluntario

Fold In

Tear out this page. Write the Spanish words on the lines. Fold the paper along the dotted line to see the correct answers so you can check your work.

garden, yard   _____

river   _____

older people   _____

camp   _____

others   _____

primary school   _____

people   _____

toy   _____

children   _____

poor   _____

construction project   _____

volunteer work   _____

_____

Fold In

To hear a complete list of the vocabulary for this chapter, go to Disc 2, Track 8 on the Guided Practice Audio CD, or go to www.phschool.com and type in the Web Code jcd-0899. Then click on **Repaso del capítulo.**

The present tense of *decir* (p. 408)

- **Decir** (*to say, to tell*) is irregular in the present tense. Here are its forms:

yo	**digo**	nosotros/nosotras	**decimos**
tú	**dices**	vosotros/vosotras	**decís**
usted/él/ella	**dice**	ustedes/ellos/ellas	**dicen**

- Notice that all the forms have an **i** in the stem except for the **nosotros/nosotras** and **vosotros/vosotras** forms (**decimos, decís**).

A. Write the correct forms of **decir** in the chart.

yo	nosotros/nosotras
tú	vosotros/vosotras decís
Ud./él/ella	Uds./ellos/ellas

B. Circle the correct forms of **decir** to complete each sentence.

1. Mis abuelos (**dicen** / **dice**) que el parque es bonito.

2. Yo (**dices** / **digo**) que es un video interesante.

3. Tú (**dices** / **dicen**) que el restaurante es bueno.

4. Ellos (**dice** / **dicen**) que la profesora es inteligente.

5. Nosotros (**dicen** / **decimos**) que el parque de diversiones es fantástico.

6. Ustedes (**digo** / **dicen**) que es divertido bucear.

7. Tú y yo (**dices** / **decimos**) que nos gusta pasear en bote.

C. Write complete sentences to find out what the people indicated say about a museum. Follow the model.

Modelo   Inés / decir que es fantástico

Inés dice que es fantástico.

1. tú / decir que es aburrido   _____

2. yo / decir que es interesante   _____

3. ellos / decir que es divertido   _____

4. nosotros / decir que es grande   _____

5. Ud. / decir que es impresionante _____

Realidades ①

Capítulo 8B

Nombre _____

Hora _____

Fecha _____

Guided Practice Activities 8B-2

Indirect object pronouns (p. 410)

- An indirect object tells to whom or for whom an action is performed. In order to identify an indirect object, take the verb in the sentence and ask "For whom?" or "To whom?"

  Te traigo un recuerdo.   *I bring **you** a souvenir.*

  "*To whom* do I bring a souvenir?"   "*To **you**.*"

- Indirect object pronouns must agree with the person they refer to.

	Singular		Plural
(yo)	**me** (to/for) me	**(nosotros)**	**nos** (to/for) us
(tú)	**te** (to/for) you (familiar)		
(Ud./él/ella)	**le** (to/for) you (formal), him, her	**(Uds./ellos/ellas)**	**les** (to/for) you (formal), them

- Like direct object pronouns, indirect object pronouns go before a conjugated verb.

  Te compré una tarjeta.   *I bought **you** a card.*

- When there is an infinitive with a conjugated verb, the indirect object pronoun can attach to the end of the infinitive or go before the conjugated verb.

  Me van a comprar una camiseta.   *They are going to buy **me** a T-shirt.*

  Van a comprar**me** una camiseta.   *They are going to buy **me** a T-shirt.*

A. Underline the indirect object pronoun in each sentence.

1. Te escribí una tarjeta.   4. Nos dan regalos.

2. Me trae un vaso de agua.   5. Les compramos una camiseta.

3. Le ayudo con la tarea.   6. Le llevamos unos libros.

B. Circle the correct indirect object pronoun. Follow the model.

Modelo   tú: ((Te) / Le) damos un boleto de avión.

1. yo: (**Me** / **Nos**) ayudan con la tarea.

2. tú: (**Te** / **Les**) llevo un regalo.

3. ella: (**Le** / **Les**) escribo una tarjeta.

4. nosotros: (**Nos** / **Les**) compraron unos zapatos.

5. ellos: (**Le** / **Les**) trae un vaso de agua.

6. él: (**Le** / **Me**) lavo el coche.

7. tú: (**Me** / **Te**) damos unas flores.

8. tú y yo: (**Me** / **Nos**) traen un recuerdo de las vacaciones.

Indirect object pronouns (*continued*)

C. Write the correct indirect object pronoun in each sentence. Follow the model.

Modelo   yo: _____*Me*_____ traen el periódico.

1. yo: _____ ayudan a limpiar el baño.

2. tú: _____ compran una sudadera.

3. él: _____ dan una bicicleta nueva.

4. nosotros: _____ traen unas cajas de cartón.

5. Ud.: _____ escriben una tarjeta.

6. ellos: _____ compro unos platos.

7. tú y yo: _____ traen una pizza grande.

8. Uds.: _____ compro un boleto de avión.

9. yo: _____ traen un vaso de jugo.

10. tú: _____ dan unos juguetes.

D. Write sentences to say to whom Susana is telling the truth. Follow the model.

Modelo   yo   _*Susana me dice la verdad.*_

1. tú   _____

2. él   _____

3. nosotros   _____

4. ellos   _____

5. ella   _____

6. tú y yo   _____

7. ustedes   _____

Realidades 1
Capítulo 8B
Nombre
Fecha
Hora
Guided Practice Activities 8B-4

The preterite of *hacer* and *dar* (p. 412)

- The verbs **hacer** (*to make, to do*) and **dar** (*to give*) are irregular in the preterite.

hacer

yo	hice	nosotros/nosotras	hicimos
tú	hiciste	vosotros/vosotras	hicisteis
usted/él/ella	hizo	ustedes/ellos/ellas	hicieron

dar

yo	di	nosotros/nosotras	dimos
tú	diste	vosotros/vosotras	disteis
usted/él/ella	dio	ustedes/ellos/ellas	dieron

- These verbs have no accent marks in the preterite forms.
- Notice the change from **c** to **z** in the **usted/él/ella** form of **hacer: hizo**.

A. Write the missing forms of **hacer** and **dar** in the chart.

	hacer	dar
yo	hice	
tú		diste
Ud./él/ella		dio
nosotros/nosotras	hicimos	
Uds./ellos/ellas		dieron

B. Circle the correct forms of **hacer** and **dar** for each subject pronoun.

1. tú (**diste** / dio), (hizo / **hiciste**)
2. yo (dio / **di**), (**hice** / hicimos)
3. tú y yo (**dimos** / diste), (hizo / **hicimos**)
4. ellas (di / **dieron**), (hice / **hicieron**)
5. él (diste / **dio**), (**hizo** / hice)
6. Ud. (di / **dio**), (**hizo** / hiciste)

C. Complete each sentence with the correct form of the verb indicated. Follow the model. The boldfaced word is the subject of the sentence.

Modelo **Ella** me (dar) ___*dio*___ un libro.

1. **Tú** me (dar) _____ un regalo bonito.
2. **Ellos** me (hacer) _____ un suéter fantástico.
3. **Nosotros** te (dar) _____ unos discos compactos.
4. **Ud.** me (hacer) _____ un pastel sabroso.

Go Online WEB CODE jcd-0814
PHSchool.com

Lectura: Hábitat para la Humanidad Internacional (pp. 416–417)

A. Recognizing cognates has helped you understand many of the readings in your textbook. The reading on Habitat for Humanity is no exception. Look at the words below and write their English equivalents in the spaces provided.

1. organización _____
2. internacional _____
3. comunidades _____

4. donaciones _____
5. privadas _____
6. miembros _____

B. Answer the following questions in Spanish in order to understand the main idea of the reading in your textbook.

1. ¿Qué es Hábitat y qué hace? Hábitat es una _____

_____.

2. ¿Cuál es el objetivo de Hábitat? Su objetivo es _____

_____.

3. ¿Cuántos proyectos en total tiene Hábitat en el mundo? Hábitat tiene _____

_____.

C. Now, read the following passage to get more specific information about a typical Habitat project. Answer the questions that follow.

> *Según Hábitat, las personas pobres tienen que ayudar a construir sus casas. Es una manera positiva de ayudar a los demás. Hábitat les da los materiales de construcción y los trabajadores voluntarios.*

1. According to Habitat, who has to help build the houses? _____

_____

2. Who gives these people materials? _____

_____

3. Who else helps build the houses? _____

_____

4. Why do you think Habitat has such success? _____

_____

_____

Presentación escrita (p. 419)

Task: Imagine that you have to organize a clean-up campaign for a park, recreation center, school playground, or other place in your community. Make a poster announcing the project and inviting students to participate.

❶ Prewrite. Answer the following questions about your project:

a) ¿Qué van a limpiar ustedes?

_____

b) ¿Dónde está el lugar?

_____

c) ¿Qué tienen que hacer para preparar a limpiar?

_____

d) ¿Qué día van a trabajar?

_____

e) ¿Cuántas horas van a trabajar?

_____

f) ¿Quién(es) puede(n) participar?

_____

❷ Draft. Your answers to the questions above will determine what you say in your rough draft. Write your answers on a separate sheet of paper and organize them so that they will be easy to read and understand. You should also include any drawings, photos, or useful magazine cutouts you can find as part of your poster.

❸ Revise. Check your rough draft to make sure it is what you want. Your partner will check your work. Look on page 419 of your textbook to see what he or she will check.

❹ Publish. Take your partner's suggestions and do the changes necessary to make your poster as complete and effective as you can. Since you are now working on your final draft, your writing should be neat and your presentation should be on a clean poster. Your work may be presented in the classroom or even on the walls elsewhere in school, so make it look attractive!

Realidades 1

Nombre _____

Hora _____

Capítulo 9A

Fecha _____

Vocabulary Flash Cards, Sheet 3

cómico, cómica

_____ ,

_____

infantil

_____

_____

violento, violenta

_____ ,

_____

emocionante

_____

realista

_____

me aburre(n)

_____

_____

fascinante

_____

tonto, tonta

_____ ,

_____

me interesa(n)

_____

_____

dar

terminar

medio,
media

_____ ,
_____

durar

más de

¿Qué clase
de...?

empezar

menos de

acabar de

aburrir	faltar	antes de
		_____
		_____
_____	_____	
doler	interesar	casi
_____	_____	_____
encantar	quedar	¿De veras?
		_____
_____	_____	_____

Realidades **1**

Capítulo 9A

Nombre _____

Hora _____

Fecha _____

Vocabulary Flash Cards, Sheet 6

especialmente

_____

ya

_____

_____

_____

por eso

_____

_____

_____

_____

_____

_____

sobre

_____

_____

_____

_____

_____

Tear out this page. Write the English words on the lines. Fold the paper along the dotted line to see the correct answers so you can check your work.

el canal _____

el programa
de concursos _____

el programa de
dibujos animados _____

el programa
deportivo _____

el programa de
entrevistas _____

el programa de
la vida real _____

el programa de
noticias _____

el programa
educativo _____
_____

el programa
musical _____
_____

la telenovela _____

la comedia _____

el drama _____

la película de
ciencia ficción _____
_____

Fold In

Tear out this page. Write the Spanish words on the lines. Fold the paper along the dotted line to see the correct answers so you can check your work.

channel   _____

game show   _____

_____

cartoon show   _____

_____

sports show   _____

_____

interview show   _____

_____

reality program   _____

_____

news program   _____

_____

educational
program   _____

_____

musical
program   _____

_____

soap opera   _____

comedy   _____

drama   _____

science fiction
movie   _____

Fold In →

Realidades ①

Capítulo 9A

Nombre _____

Fecha _____

Hora _____

Vocabulary Check, Sheet 3

Tear out this page. Write the English words on the lines. Fold the paper along the dotted line to see the correct answers so you can check your work.

la película de
horror   _____

la película
policíaca   _____
                          _____

la película
romántica   _____
                          _____

emocionante   _____

fascinante   _____

infantil   _____
                          _____

tonto, tonta   _____

violento, violenta   _____

el actor   _____

la actriz   _____

dar   _____

durar   _____

empezar   _____

terminar   _____

Fold In

Realidades **1**

Capítulo 9A

Nombre _____

Fecha _____

Hora _____

Vocabulary Check, Sheet 4

Tear out this page. Write the Spanish words on the lines. Fold the paper along the dotted line to see the correct answers so you can check your work.

horror movie _____

_____

crime movie, mystery _____

_____

romantic movie _____

_____

touching _____

fascinating _____

for children; childish _____

silly, stupid _____

violent _____

actor _____

actress _____

to show _____

to last _____

to begin _____

to end _____

To hear a complete list of the vocabulary for this chapter, go to Disc 2, Track 9 on the Guided Practice Audio CD, or go to www.phschool.com and type in the Web Code jcd-0989. Then click on **Repaso del capítulo.**

Fold In

Acabar de + infinitive (p. 434)

• Use present-tense forms of **acabar** with an infinitive to say that you and others have just finished doing something.

Acabo de tomar una siesta.	*I just took a nap.*
Acabamos de patinar.	*We just went skating.*

• Here are the present-tense forms of **acabar**, which is a regular **-ar** verb.

yo	**acabo**	nosotros/nosotras	**acabamos**
tú	**acabas**	vosotros/vosotras	**acabáis**
usted/él/ella	**acaba**	ustedes/ellos/ellas	**acaban**

A. Write the correct forms of **acabar** in the chart.

yo		nosotros/nosotras	
tú		vosotros/vosotras	acabáis
Ud./él/ella		Uds./ellos/ellas	

B. Circle the correct form of **acabar** to complete each sentence.

1. Yo (**acaba** / **acabo**) de ver un programa de la vida real.

2. Tú (**acabas** / **acabamos**) de ir al cine.

3. Ellos (**acaban** / **acaba**) de ver un video.

4. Tú y yo (**acabas** / **acabamos**) de cambiar el canal.

5. Usted (**acabo** / **acaba**) de ver una película policíaca.

6. Nosotros (**acabas** / **acabamos**) de hablar de las comedias.

7. Ustedes (**acabamos** / **acaban**) de comprar un lector DVD.

C. Complete each sentence with an activity you recently finished. Use the activities from **part B** above for ideas.

1. Yo acabo de _____.

2. Mis amigos y yo acabamos de _____.

3. Mi profesor (profesora) acaba de _____.

4. Los estudiantes de la escuela acaban de _____.

Realidades ①

Capítulo 9A

Nombre _____

Fecha _____

Hora _____

Guided Practice Activities 9A-2

Acabar de + infinitive (continued)

D. Complete the following conversations with the correct forms of **acabar**.

ADELA: Mis amigos y yo _____ de ver una película de horror.

ANA: ¿Sí? ¡Qué casualidad! Yo también _____ de ver una película de horror.

LUIS: ¿Tú _____ de ver las noticias?

MARCOS: Sí. ¿Y ustedes?

LUIS: Nosotros _____ de ver un programa de concursos.

E. Create complete sentences. Follow the model.

Modelo   Alejandra / acabar de / sacar la basura

Alejandra acaba de sacar la basura. _____

1. Natalia / acabar de / dar de comer al gato

_____

2. yo / acabar de / lavar los platos

_____

3. ellos / acabar de / quitar la mesa

_____

4. tú y yo / acabar de / cortar el césped

_____

5. tú / acabar de / limpiar el baño

_____

6. Ud. / acabar de / pasar la aspiradora

_____

F. Complete each sentence with forms of **acabar de** to say what you and other people you know recently did.

1. Yo _____.

2. Mi familia _____.

3. Mis amigos y yo _____.

4. Los estudiantes de la escuela _____.

Go Online WEB CODE jcd-0903
PHSchool.com

Realidades 1

Capítulo 9A

Nombre _____

Hora _____

Fecha _____

Guided Practice Activities 9A-3

Gustar and similar verbs (p. 436)

- **Gustar** (*to please*) is different from other verbs you've learned. It is only used in its *third person forms*: **gusta** and **gustan**.
- **Gustar** is used with *indirect object pronouns* (**me, te, le, nos,** and **les**).
- **Gustar** agrees with the *subject* of the sentence, which is the object or objects that are pleasing to someone.

      indirect object pronoun + <u>**gusta**</u> + <u>singular</u> subject:

      Me **gusta** esa **comedia**. *I like that comedy. (That comedy pleases me.)*

      indirect object pronoun + <u>**gustan**</u> + <u>plural</u> subject:

      Nos **gusta<u>n</u>** los **drama<u>s</u>**. *We like dramas. (Dramas please us.)*

- Some other verbs are similar to **gustar**:

aburrir (aburre/aburren) (*to bore*):	Me **aburre** ese **programa**.
	Me **aburren** las **telenovelas**.
doler (duele/duelen) (*to hurt*):	Te **duele** la **mano**.
	Te **duelen** los **pies**.
encantar (encanta/encantan) (*to like a lot*):	Nos **encanta** el **teatro**.
	Nos **encantan** los **museos**.
faltar (falta/faltan) (*to lack, to be missing*):	Les **falta** un **vaso**.
	Les **faltan** los **anteojos**.
interesar (interesa/interesan) (*to interest*):	Me **interesa** la **literatura**.
	Me **interesan** las **ciencias**.
quedar (queda/quedan) (*to fit*):	Te **queda** bien el **vestido**.
	Te **quedan** bien los **zapatos**.

A. Look at each sentence. Circle the subject and underline the form of **gustar**. Follow the model.

Modelo Te <u>gustan</u> los (programas) de noticias. ___P___

1. Me gustan los programas de entrevista. _____
2. Nos gusta la telenovela nueva. _____
3. ¿Te gusta el canal de deportes? _____
4. Les gustan los programas de dibujos animados. _____
5. Le gustan los programas de la vida real. _____
6. Nos gusta el programa musical en el canal 27. _____

B. Now, go back to the sentences in **part A** and write an **S** if they are singular (**gusta** + singular subject) or a **P** if they are plural (**gustan** + plural subject).

Realidades ❶

Capítulo 9A

Nombre _____

Hora _____

Fecha _____

Guided Practice Activities 9A-4

Gustar and similar verbs *(continued)*

C. Circle the correct form of **gustar** to complete each sentence.

1. Nos (**gusta** / **gustan**) las ciudades grandes.

2. Te (**gusta** / **gustan**) los parques nacionales.

3. Les (**gusta** / **gustan**) el teatro.

4. Me (**gusta** / **gustan**) el parque de diversiones.

5. Le (**gusta** / **gustan**) los animales.

D. Write the correct form of **gustar** to complete each sentence.

1. Nos _____ los jeans.

2. Les _____ los zapatos.

3. Le _____ la gorra.

4. Me _____ el traje.

5. Te _____ las botas.

6. Les _____ el suéter.

E. These sentences use verbs that are similar to **gustar**. Circle the correct form for each verb.

1. Nos (**encanta** / **encantan**) las tiendas de ropa.

2. Me (**aburre** / **aburren**) los programas de la vida real.

3. Te (**duele** / **duelen**) los pies.

4. Les (**interesa** / **interesan**) los programas de noticias.

5. Le (**falta** / **faltan**) un cuchillo.

6. Me (**queda** / **quedan**) bien la falda.

F. Now write **a** or **an** to complete each of the following verbs.

1. Me encant_____ los programas de concursos.

2. Te interes_____ la nueva telenovela.

3. Nos falt_____ un vaso.

4. Me qued_____ bien la sudadera.

G. Write **e** or **en** to complete each of the following verbs.

1. Le aburr_____ los programas educativos.

2. Me duel_____ la cabeza.

3. Nos aburr_____ ese libro.

4. Te duel_____ el estómago.

Realidades ①

Capítulo 9A

Nombre _____

Fecha _____

Hora _____

Guided Practice Activities 9A-5

Lectura: Una semana sin televisión (pp. 440–441)

A. Read through the reading in your textbook without stopping to look up words in a dictionary. On a separate sheet of paper, make a list of any words you don't know. Then, answer the following questions about the reading in Spanish. If you have trouble with any of the words, look them up while you answer the questions.

1. ¿Qué dos cosas hacen los niños estadounidenses más que cualquier otra cosa?

   _____ y _____

2. Según los estudios, ¿cuáles son tres resultados malos del ver demasiado la televisión?

   _____, _____ y

   _____

3. ¿Qué hacen millones de personas durante el mes de abril?

   _____.

B. Read through the reading in your textbook once more. If there are words or phrases you still do not understand, look them up in a dictionary. Now, answer the questions below circling **C** for **cierto** (*true*) and **F** for **falso** (*false*).

1. **C F** Según la lectura, los niños comen más que cualquier otra cosa, a excepción de dormir.

2. **C F** Ver demasiado la televisión puede resultar en un exceso de peso.

3. **C F** En cuatro horas de dibujos animados el sábado por la mañana, los niños pueden ver más de 200 anuncios sobre los deportes.

4. **C F** Hay estudios que dicen que los niños que ven demasiado la tele pueden tener más probabilidad de ser violentos y agresivos de adultos.

5. **C F** Para muchas familias en varios países una semana sin televisión les da la oportunidad de hacer cosas interesantes en vez de ver la tele.

C. You may have a discussion about the benefits and drawbacks of watching TV. Think of which argument you want to support. Then write three reasons in Spanish for why you feel this way. You can use information from the reading in your textbook or from personal experience.

Razón 1: _____

Razón 2: _____

Razón 3: _____

Realidades ①

Capítulo 9A

Nombre _____

Fecha _____

Hora _____

Guided Practice Activities 9A-6

Presentación oral (p. 443)

Task: You are going to write a review of a movie or television show that was on your school's closed-circuit TV system. Prepare a summary of the movie or show.

A. Choose a movie or show to talk about. Fill in the chart with the information about your show or movie.

Nombre	
Clase de película o programa	
Actor/Actores	
Actriz/Actrices	
Cómo es	
Cuánto tiempo dura	
Para quiénes es	

B. Collect visuals to go along with your presentation. They could be ads or photos from a newspaper or magazine, such as a TV guide, or you could download pictures from the Internet. Make a poster with all of the items you collect.

C. Use the notes you took in **part A** to prepare your presentation. Write out complete sentences for each topic in the spaces below.

1. _____.

2. _____.

3. _____.

4. _____.

5. _____.

6. _____.

7. _____.

D. Now, put together your finished poster and your sentences and practice your presentation. Remember to:

_____ speak clearly

_____ use complete sentences

_____ provide all key information about the movie or show

Write the Spanish vocabulary word below each picture. If there is a word or phrase, copy it in the space provided. Be sure to include the article for each noun.

_____ _____	**enviar**	**buscar**
_____	_____	_____
comunicarse	**bajar**	**la canción**
_____	_____	_____

la composición _____	el curso _____	el documento _____
 _____ _____		escribir por correo electrónico _____ _____
crear _____	 _____	estar en línea _____

Realidades **1**

Capítulo 9B

Nombre

Hora

Fecha

Vocabulary Flash Cards, Sheet 3

_____

_____

**el
informe**

_____

_____

_____

_____

**los
gráficos**

_____

_____

**el
laboratorio**

_____

_____

**la
presentación**

_____

_____

**la
información**

_____

_____

_____

_____

_____

_____

Realidades ①

Capítulo 9B

Nombre _____

Fecha _____

Hora _____

Vocabulary Flash Cards, Sheet 4

visitar salones de chat _____ _____	**¿Qué te parece?** _____ _____	**tener miedo (de)** _____ _____
complicado, complicada _____, _____	**rápidamente** _____	**conocer** _____
¿Para qué sirve? _____ _____	**Sirve para...** _____ _____	**saber** _____

Realidades

Capítulo 9B

Nombre _____

Hora _____

Fecha _____

Vocabulary Check, Sheet 1

Tear out this page. Write the English words on the lines. Fold the paper along the dotted line to see the correct answers so you can check your work.

cara a cara _____

la carta _____

comunicarse _____

_____

enviar _____

la tarjeta _____

bajar _____

buscar _____

la cámara digital _____

la canción _____

la composición _____

la computadora portátil _____

crear _____

el curso _____

la diapositiva _____

la dirección electrónica _____

el documento _____

Fold In

Tear out this page. Write the Spanish words on the lines. Fold the paper along the dotted line to see the correct answers so you can check your work.

face-to-face _____

letter _____

to communicate (with) _____

to send _____

card _____

to download _____

to search (for) _____

digital camera _____

_____

song _____

composition _____

laptop computer _____

to create _____

course _____

slide _____

e-mail address _____

_____

document _____

Fold In →

Tear out this page. Write the English words on the lines. Fold the paper along the dotted line to see the correct answers so you can check your work.

escribir por
correo electrónico   _____
                            _____

estar en línea   _____

grabar un disco
compacto   _____
                            _____

los gráficos   _____

la información   _____

el informe   _____

el laboratorio   _____

navegar en la Red   _____

la presentación   _____

el sitio Web   _____

visitar salones
de chat   _____
                            _____

Fold In

Tear out this page. Write the Spanish words on the lines. Fold the paper along the dotted line to see the correct answers so you can check your work.

to send an
e-mail message _____

to be online _____

to burn a CD _____

_____

graphics _____

information _____

report _____

laboratory _____

to surf the Web _____

presentation _____

Web site _____

to visit
chat rooms _____

Fold In →

To hear a complete list of the vocabulary for this chapter,
go to Disc 2, Track 10 on the Guided Practice Audio CD, or
go to www.phschool.com and type in the Web Code jcd-0999.
Then click on **Repaso del capítulo.**

Realidades **1**

Capítulo 9B

Nombre _____

Fecha _____

Hora _____

Guided Practice Activities 9B-1

The present tense of *pedir* and *servir* (p. 458)

- You have learned other verbs with stem changes in the present tense (**pensar, querer, preferir**), where the stem changes from **e** to **ie**.
- **Pedir** (to *ask for*) and **servir** (to *serve, or to be useful for*) are also stem-changing verbs in the present tense, but their stem changes from **e** to **i**.
- Here are the present tense forms of **pedir** and **servir**. Notice that the **nosotros/nosotras** and **vosotros/vosotras** forms do not change their stem.

yo	**pido**	nosotros/nosotras	**pedimos**
tú	**pides**	vosotros/vosotras	**pedís**
usted/él/ella	**pide**	ustedes/ellos/ellas	**piden**

yo	**sirvo**	nosotros/nosotras	**servimos**
tú	**sirves**	vosotros/vosotras	**servís**
usted/él/ella	**sirve**	ustedes/ellos/ellas	**sirven**

A. Complete the chart with the correct forms of **pedir** and **servir**.

	pedir	servir
yo	pido	
tú		sirves
Ud./él/ella		
nosotros/nosotras		
Uds./ellos/ellas		

B. Write **e** or **i** in the blank to complete each verb form.

1. yo p_____do
2. tú s_____rves
3. nosotros s_____rvimos
4. ellos p_____den
5. Ud. s_____rve

6. ellos s_____rven
7. nosotros p_____dimos
8. ella s_____rve
9. yo s_____rvo
10. tú p_____des

The present tense of *pedir* and *servir* (continued)

C. Circle the correct form of **pedir** or **servir** to complete each sentence.

1. Tú (**sirve** / **sirves**) café con leche y unas galletas.

2. Yo (**pido** / **pedimos**) una hamburguesa con papas fritas para el almuerzo.

3. Nosotros (**pido** / **pedimos**) un jugo de naranja.

4. Este libro (**sirves** / **sirve**) para aprender química.

5. Ellos (**pedimos** / **piden**) un tenedor limpio.

6. Todos los domingos mi madre (**sirve** / **sirven**) pescado para la cena.

7. Tú y yo (**pido** / **pedimos**) ayuda con la computadora.

8. Las computadoras (**sirven** / **servimos**) para conectar los sitios Web.

D. Write the correct form of the verb in the blank. Follow the model.

Modelo   Yo siempre (**pedir**)_____*pido*_____ yogur para el desayuno.

1. Mis amigos (**servir**) _____ café con el postre.

2. Nosotros siempre (**pedir**) _____ café con leche.

3. Las computadoras (**servir**) _____ para navegar la Red.

4. Tú y yo (**servir**) _____ jugo de naranja con una ensalada de frutas.

5. Tú siempre (**pedir**) _____ pizza para la cena.

6. Mis hermanos siempre (**pedir**) _____ huevos para el desayuno.

E. Complete the following sentences in a logical manner. Follow the models for ideas.

Modelos   Los bolígrafos (**servir**)_____*sirven para escribir*_____.

   En el restaurante mexicano, yo siempre (**pedir**)_____*pido enchiladas*_____.

1. Mi computadora (**servir**) _____

_____

2. Para el desayuno, yo siempre (**pedir**) _____

_____

3. Para el almuerzo, la cafetería siempre (**servir**) _____

_____

4. Cuando vamos a un restaurante, mis amigos y yo (**pedir**) _____

_____

Go Online WEB CODE jcd-0913
PHSchool.com

Saber and *conocer* (p. 460)

- Both these verbs are irregular in the **yo** form only. Here are their present-tense forms.

yo	**sé**	nosotros/nosotras	**sabemos**
tú	**sabes**	vosotros/vosotras	**sabéis**
usted/él/ella	**sabe**	ustedes/ellos/ellas	**saben**

yo	**conozco**	nosotros/nosotras	**conocemos**
tú	**conoces**	vosotros/vosotras	**conocéis**
usted/él/ella	**conoce**	ustedes/ellos/ellas	**conocen**

A. Write the missing forms of **saber** and **conocer** in the chart.

	saber	**conocer**
yo	sé	
tú		
Ud./él/ella		
nosotros/nosotras		conocemos
Uds./ellos/ellas		

- Both **saber** and **conocer** mean *to know*.
- **Saber** means *to know how to do something* or *to know a fact*:

     Ella **sabe patinar**.   *She **knows how to skate**.*

     Él **sabe la respuesta**.   *He **knows the answer**.*

- **Conocer** means *to know a person* or *to be familiar with a place or thing*. Remember to use the personal **a** with **conocer** when it is used with a person.

     Ella **conoce Madrid**.   *She **knows (is familiar with)** Madrid.*

     Él **conoce a Miguel**.   *He **knows Miguel**.*

B. Look at each person, place, or thing. Write **S** if you would use **saber** or **C** if you would use **conocer**. Follow the model.

| Modelo | _S_ las matemáticas |

1. _____ la profesora de español
2. _____ nadar
3. _____ tocar la guitarra

4. _____ Tokyo
5. _____ Britney Spears
6. _____ la respuesta correcta

Saber and conocer (continued)

C. Circle the correct verb form of **conocer** in each sentence.

1. Yo (**conoce** / **conozco**) una tienda muy buena para comprar ropa.

2. Ellos (**conoces** / **conocen**) muy bien la ciudad de Nueva York.

3. Ella (**conoce** / **conozco**) a todos los estudiantes de la clase.

4. Tú y yo (**conocemos** / **conozco**) la música de Carlos Santana.

D. Circle the correct form of **saber** in each sentence.

1. Nosotros (**saben** / **sabemos**) hablar español.

2. Yo (**sabe** / **sé**) la respuesta correcta.

3. Tú (**sabes** / **sabe**) dónde está la clase de matemáticas.

4. Ud. (**sabes** / **sabe**) esquiar y nadar.

E. Complete each sentence with a form of **saber** or **conocer**. Circle the correct verb form according to the context.

1. Tú y yo (**sabemos** / **conocemos**) tocar el piano.

2. Ellas (**saben** / **conocen**) dónde están las llaves.

3. Yo (**sé** / **conozco**) al presidente de los Estados Unidos.

4. Tú (**sabes** / **conoces**) bien la ciudad de Chicago.

5. Ud. (**sabe** / **conoce**) usar la computadora nueva.

6. Nosotros (**sabemos** / **conocemos**) el nombre de una canción en español.

7. Tú (**sabes** / **conoces**) a todos los estudiantes de la clase.

8. Uds. (**saben** / **conocen**) a la estudiante nueva.

F. Complete the following sentences. Use ideas from the activities above or other words you know. Follow the model.

Modelo   Yo (saber) _____ *sé montar en bicicleta* _____ .

1. Yo (saber) _____ .

2. Yo no (saber) _____ .

3. Yo (conocer) _____ .

4. Yo no (conocer) _____ .

Lectura: La invasión del ciberspanglish (pp. 464–465)

A. The article in your textbook talks about the influence of computers on language. What computer terms can you think of in English? Write ten words or phrases that are commonly used when talking about the computer or the Internet. The first two have been done for you.

1. _surf the Web_   6. _____
2. _to download_   7. _____
3. _____   8. _____
4. _____   9. _____
5. _____   10. _____

B. Did you find words in the reading similar to those on your list? You may have found the *ciberspanglish* words as well as the more correct Spanish terms for each word. Look on the chart in your reading and find the *ciberspanglish* and Spanish words for each.

	Ciberspanglish	Español
1. to chat	_____	_____
2. to reboot	_____	_____
3. to program	_____	_____
4. clip art	_____	_____
5. to print	_____	_____

C. Which list has the longer words in **part B**? Read the excerpts from the reading in your textbook. Then, write in English why some people want to use *ciberspanglish* terms and why some people prefer to use Spanish terms for computer-related words.

> *A algunas personas no les gusta nada este nuevo "idioma". Piensan que el español es suficientemente rico para poder traducir los términos del inglés.*
> *Hay otros que dicen que no hay problemas con mezclar los idiomas para comunicarse mejor. Piensan que el "ciberspanglish" es más fácil y lógico porque los términos técnicos vienen del inglés y expresarlos en español es bastante complicado.*

1. It is better to use Spanish because _____

_____.

2. It is better to use *ciberspanglish* because _____

_____.

WEB CODE jcd-0915
PHSchool.com

Realidades ❶

Capítulo 9B

Nombre _____

Fecha _____

Hora _____

Guided Practice Activities 9B-6

Presentación escrita (p. 467)

Task: Pretend that your parents think you spend too much time at the computer. Write an e-mail to a friend in Mexico defending your computer use.

❶ Prewrite. Fill in the chart below. In the first column, write in Spanish three ways you use the computer. In the second column, write the benefit (**ventaja**) to you. Use the first example as a guide.

Cómo uso la computadora	La ventaja
Busco información para mis clases, en Internet.	Aprendo mucho y es muy interesante.

❷ Draft. Use the information from the chart to write your e-mail.

❸ Revise. Before you have a partner review your work, check for spelling, accent marks, correct vocabulary use, and verb forms. Your partner will review the following:

_____ Is the paragraph easy to read and understand?

_____ Does the paragraph provide good reasons and support your position?

_____ Is there anything that you could add to give more information?

_____ Is there anything that you could change to make it clearer?

_____ Are there any errors that you missed?

❹ Publish. Rewrite the e-mail making any change suggested by your partner or by changing anything you didn't like.

❺ Evaluation. Your teacher will grade you on the following:

- the amount of information provided
- how well you presented each reason and its benefit
- your use of vocabulary and accuracy of spelling and grammar

Notes

Notes